region
verlag

Dieses Buch ist gelistet in der Deutschen Nationalbibliothek Leipzig und Frankfurt am Main, wie auch in der Hessischen Landes- und Murhardschen Bibliothek in Kassel.

Erscheinungsdatum: Januar 2023
Realisierung: Region-Verlag /

Abbildung Umschlag: Festungsruine Hohentwiel / mit frdl. Genehmigung der Staatl. Schlösser und Gärten Baden Württemberg, Achim Mende

Region-Verlag / region-verlag.com / biografie-text.eu

ISBN-Nr: 9 783981 874976

Margarete Jud

Leben zwischen Baden und Württemberg

Inhalt

Karl der Große, gezeichnet von Albrecht Dürer in 1513

 Kaiserin Hildegard, Frau Karls des Großen

Unsere Vergangenheit und Vorfahren

Woher wir kommen, wie wir wurden, was wir sind, wo sind unsere Wurzeln?

Viele Bücher von Historikern versuchen uns die Wahrheiten unserer Vergangenheit zugänglich zu machen. Sind wir eigentlich Kelten, Römer, Germanen, Wikinger, Gallier, Goten, Slawen, Schwaben oder Alemannen, Franken, Christen, Juden, Moslems usw.? Wer das alte Testament liest, begreift zum einen Zuwanderungen als die Suche nach dem „Land, wo Milch und Honig fließt" und zum anderen auch die zahllosen Kriege durch die Jahrtausende durch Erbstreit, Macht, Hass und Feindschaft. Völkerwanderungen gab es zu allen Zeiten. Zudem hat die Christianisierung die Geschichte in unserer Gegend ab 500 n. Chr. stark verändert.

Nach der Blutschlacht in 748 in Cannstatt unterlagen die Alemannenherzöge den Karolingern, welche mit Warin und Roudbert mittels Grafschaften die fränkischen Fiskalbezirke einführen sollten. Warin wurde Graf im Thurgau, Hegau, Linzgau, Ruodbert Graf im Aargau und Erisgau. Der Graf Warin heiratete 758 Hadelinde, die Schwester von Kaiserin Hildegard, der Frau von Karl dem Großen. Der Bruder Gerold heiratete Imma, eine Enkelin des Herzogs Gotfried. Die

Eltern waren Herzog Hildebrand von Spoletto mit Ehefrau Remegard, der Schwester des Herzogs Odyllo von Bayern.

Im Jahr 773 zogen die Moselfranken Graf Warin und Routhart mit König Karl nach Italien, um jetzt die Lombardei zu besiegen – als eine Voraussetzung zur Kaiserwahl. Im selben Jahr zog auch Herzog Hildebrand von Spoletto von Italien nach Schwaben, mit seiner Ehefrau Remegard, der Schwester des bayrischen Herzog Odyllo, mit ihrem Anteil Bayerisches Schwaben und wurde Herzog von Schwaben. Deswegen heißt auch die Region „Bayerisch Schwaben“. Die Grenzen von Schwaben waren der Neckar, Brigach, Wutach, Töss, Thur, bis zum Gotthard im Westen und Lech, Iller und Inntal im Osten. Diese Grenzen blieben, bis 1278 Rudolf von Habsburg König wurde.

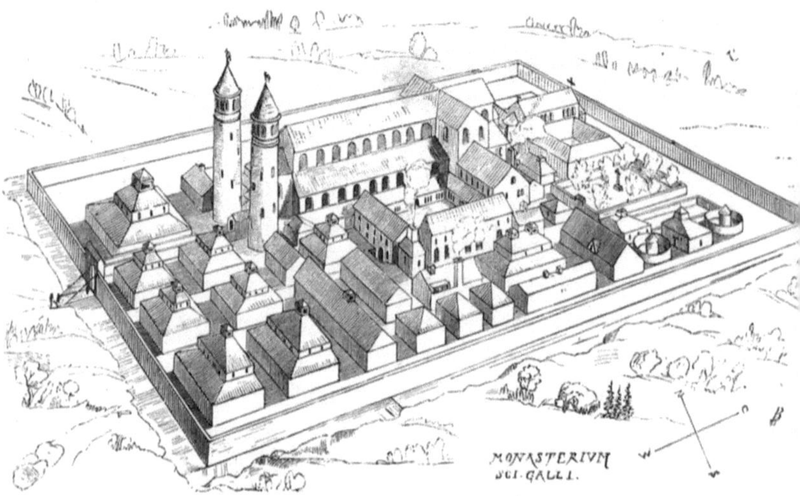

Kloster Sanct Gallen nach dem Grundrisse vom Jahre 830. (Lasius).

 Anlage des Klosters Sankt Gallen, Grundriss 1830

Graf Warin lebte in der Zeit 750-773 auf der Pfalz Bodmann und Stammheim, unter Bischof Sidonius in Konstanz, der in 720 das Kloster Reichenau mit Pirmin gründete. In dieser Zeit entstanden Königshof Baldingen, Hohentwiel, Pfalz Nidinga und 770 Kloster Buchau, wohin seine Frau Hadelinde 790 zog und dort verstarb.

764 wollte ein Duto Chiriheim, wozu auch Bodelshausen gehörte, nach St. Gallen übertragen. Nur Entwurf, oder hat es Graf Warin als Eigentum für seine Verdienste gekauft oder erhalten? Der Vorwurf, am Tod von Otmar von St. Gallen schuld zu sein, kann nicht stimmen, da er im März 758 noch in St. Gallen tradierte und Otmar an der Reise zu Pippin hindern wollte.

Übergabe an Gozbert auf der Insel Wörth durch Bischof Sidonis, wo er schon bereits im Novenber 758 verstarb. Woran? Warins Sohn Isanbarth wurde in 770, noch minderjährig, Graf von Thurgau. In 779 fiel er bei der Kaiserin Hildegard in Ungnade, weil er offenbar an die Schuld des Vaters durch die St. Galler Thesen glaubte, oder war seine Frau eine Nachfahrin Herzog Lantfrids, dem Verfasser vom Lex Alemanorum, der 730 starb?

Im Jahr 806 übergab Isanbarth das Erbe Bodelshausen mit Chiriheim an das Kloster St. Gallen in Wangen, mit dem Vermerk auf der Rückseite: „Sollten seine Nachkommen von St. Gallen weiter benachteiligt werden, so besitzen sie das Recht sofortiger Rücknahme.“

Nach Lauer soll die Urkirche Chiriheim, eine Holzkirche

beim Gutshof des Bodilos, in der Nähe des Bodelshofes gestanden haben. Genau dort, wo auch die aus 630 stammenden Alemannengräber anlässlich des Bahnbaues gefunden wurden.

Gerade dieses Bodelshausen hat mich zu Nachforschungen veranlasst. Das Gebiet Bodelshausen erstreckte sich über Chrisinga. Guotmadingen, Länge, Pfaffental, Husemer Berg, Reckenbach, Hühnerberg, Katzensteig, Wolfsteig und gehörte zum Hegau des Grafen Warin. Da ein Lantfrid von Wartenberg Bodelshausen dem Kloster Rheinau schenkte, und wie es an ihn und dann wieder an das Kloster Amtenhausen gelangte, ist doch die große Frage?

Wo sind die Wurzeln der Wartenberger? Der Vertrag in 805 um Bussen, den heiligen Berg der Schwaben und Königseggwald, die Grablege von Ato und Frau, zeigt den Weg.

Wo sind jene weiteren Nachkommen von Isanbarth? Sind Swabo und Scrot, der Gründer von dem Kloster Schienen in 801, identisch? Sein Sohn Ato soll ein Enkel von Warin gewesen sein und hatte 12 Kinder. Hezelo mit Sohn Hermann, dem Gründer des Klosters St. Georgen im Schwarzwald. Gleichzeitig wurde Kloster vom Hohentwiel nach Stein am Rhein als Kloster St. Georg verlegt.

Wolfin, ein Verwandter, gründete im Jahr 854 das Kloster Rheinau. Udalrich war ein Sohn Gerolds und Imma, eine Enkelin von Herzog Gottfrid, also ein Cousin von Isanbarth und Nachfolger als Graf im Thurgau. War Peritholdis in Rottweil ein weiterer Bruder von Gerold oder Imma, dessen Tochter einen Samuel Warin heiratete? Der Baaremer Berthold V, aus dem Geschlecht der Alohalfinger, starb vor dem ersten Zähringer Berthold I, so dass die Zähringer nicht mit den Baaremer Bertholden identisch sein können.

10 bis 12 Nachkommen in einer Familie waren keine Seltenheit. Fehden, Erbstreitereien und Kriege zogen sich durch alle Generationen, wie die Chroniken der Zimmerer, Zähringer, Zollern, Württemberger, Habsburger beweisen.

Kaiser Ludwig der Fromme war durch seine Mutter, die Kaiserin Hildegard, naher Verwandter zu diesen Geschlechtern, und in der Zeit 817-819 wurden im Sinne von Warin mit dem Bischof Egino von Konstanz die Grafschaften neu aufgeteilt. Sind in dieser Zeit die Grafschaften der Sulzer, Engi, Wirtemberg, Gisinga, Zollern und auch Lupfen, Honstetten, Konzenberg usw. entstanden?

Die erste Burg auf dem Wartenberg und die Burg auf dem fürdersten Berg durch die Zollern-Neueck müssten so in der Zeit von 850-880 entstanden sein. Einige wurden durch die Unterstützung für Bernhard von Italien benachteiligt.

Bischof Ratouldi von Verona, Gründer von Radolfzell, war von Italien geflohen und hat Ludwig den Frommen von Vorgängen um Bernhard informiert. In der Zeit von 850-888, unter Kaiser Karl III der Dicke, sind Königsgüter an das Kloster Reichenau samt Lehen an die Wirtemberger übertragen worden. Nach dem Tod von Karl III in 888, der in der Pfalz Nidinga im Exil lebte, sind wegen seiner Un-

Kloster Rheinau, Aufnahme aus dem Jahr 1953

terstützung einige bei Arnold von Kärnten in Ungnade gefallen, und es entstand die große Adalhartsbaar mit Hegau und Thurgau.

Der Linzgau ging an Udalrich. Esinga, westlich der Brigach, wurde 889 an die Zähringer übertragen. Diese wollten immer an das Herzogtum Schwaben, aber die Grenze war die Brigach, und es gab Zerwürfnisse mit den Grafen von Sulz sowie den Wartenbergern (oder hießen diese bis 1083 Freiherren von Wirtemberg?).

In 1070 heiratete Konrad von Wirtemberg die Beutelsbacherin, dessen Vater Cuno von Wirtemberg war. Erst nach dem Tod von Cuno 1083 erscheint der Name Wartenberg bei Gisinga.

Im Jahr 817 begann die Zeit der Reformen von Kaiser Ludwig dem Frommen. Sie brachte viele Veränderungen bei den Fiskalbezirken und Grafen als königliche Beamte und Hörige, die für den Einzug von Zöllen, Steuern und Abgaben betraut waren. Der Bau von Burgen an wichtigen Verbindungen erwies sich als notwendig. Zudem hatten die Grafen für die Stellung des Militärs zu sorgen und zwar je nach Einwohnergröße der Grafschaft.

Die Sarazenen in Spanien trieben die Juden als Flüchtlinge ins fränkische Reich. Der Kaiser stellte sie per Vertrag unter seinen Schutz. Er gewährte allen jüdischen Händlern Steuer- und Abgabenfreiheit sowie Prozessvergünstigungen usw., was beim Adel und Klerus zu großen Spannungen führte. Vermutlich gab es bereits dort Juden als Finan-

Otto I der Große

ziers von Kaisern und Königen zur Kriegsführung. Mit dem Bau von Synagogen wollten sie die Vorrechte auch am Hof beweisen. Zuwanderungen sorgten zu allen Zeiten für Spannungen.

Kriege kosteten den Herrschern viel Geld, sei es im Norden gegen die Dänen und im Osten gegen die Sachsen, Böhmen, Ungarn, Rumänen, Türken usw.. Auch der Nachfolgestreit mit seinen Söhnen Lohar, Pippin, Ludwig dem Deutschen brachte bis zu dem Investiturstreit sehr große Uneinigkeit unter Adeligen und Hof, auch nach dem Tod Ludwigs dem Frommen.

Die Herrscher Otto I-III waren Nachfahren der Welfen und eng mit Kaiserin Judith verwandt. Ihr Bruder Konrad III ordnete die Grafschaften neu ein. Unter Otto III erhielten die Zähringer 999 das Markt- und Münzrecht für Villingen. Altvillingen lag aber östlich der Brigach in Schwaben und der Zähringer II baute aus Trotz Neu-Villingen westlich der Brigach auf.

Bei Neueinteilung unter Konrad erhielten die Grafen von Sulz die Landgrafschaft Klettgau und die Freiherren von Wartenberg die Landgrafschaft der Baar.

Als der Zähringer II um das Jahr 1050 nicht das Herzogtum Schwaben erhielt, überfiel er 1075 die Zollernburg auf dem fürdersten Berg und in 1084 das Kloster St. Georgen. Abt Hermann wurde ermordet und der Zähringer übertrug Besitz mit Kirchheim Teck nach St. Peter im Schwarzwald und gründete dort ein neues Kloster.

Im Investiturstreit musste er die Burg wieder zurückgeben und zog sich auf seine Burg Zähringen zurück. Da er nicht unter dem Rudolf von Rheinfelden leben wollte, verschenkte er seine Besitzungen an seinen Bruder Hermann von Baden. Die Witwe Heinrich III, die auf dem Hohentwiel lebte, übertrug die Herzogschaft Schwaben mit Besitzungen an Rudolf von Rheinfelden.

Mangold von Nellenburg, er war ein Sohn des Eberhard von Zürich, half Konrad bei einem Streit mit Ulrich von Württemberg, Kyburger und anderen, die sich auf der Burg Falkenstein verschanzt hatten. Die Nellenburger erhielten

Kloster St. Georgen, Stein am Rhein (Merian)

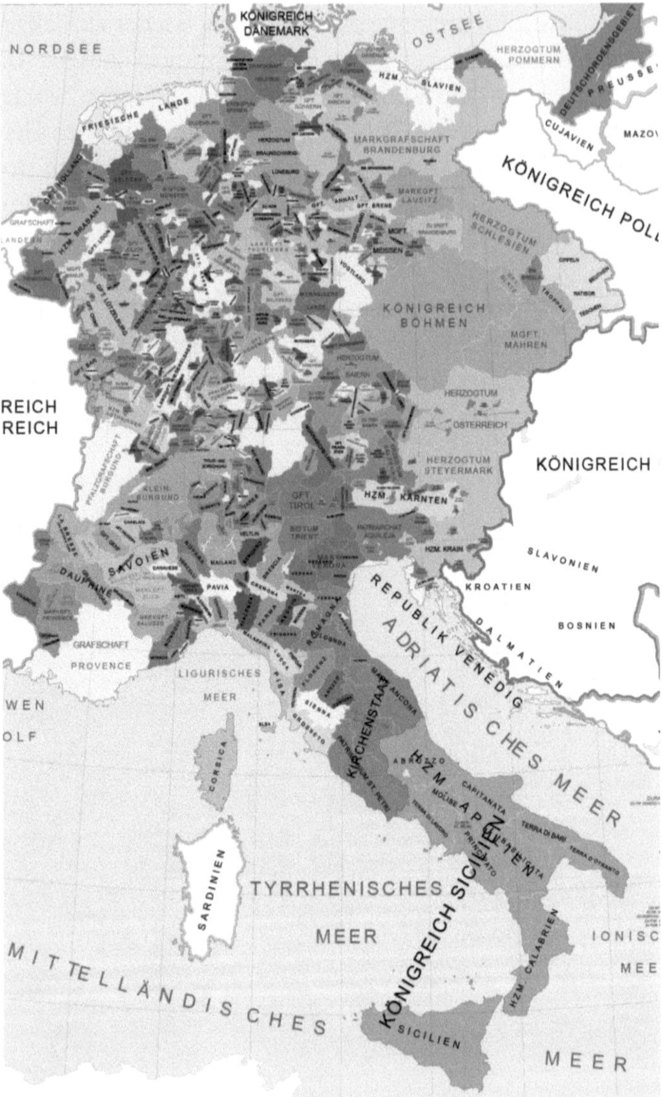

Das Heilige Römische Reich um 1250

dafür den Fiskus Schaffhausen mit Klostergründung Allerheiligen in 1084.

Im Erbstreit nach dem Tod 1083 von Cuno von Wartenberg wurde in 1095 das Kloster Alpirsbach gemeinsam von den Sulzern, Zollern und Wartenbergern gegründet. Hier muss der Tausch mit der Burg auf dem fürdersten Berg zwischen den Zollern, Wartenbergern und Sulzern stattgefunden haben, weshalb in 1284 die Wartenberger Landgrafschaft Baar durch den Habsburger König Rudolf I beim Hofgericht in Ensisheim aberkannt wurde.

Seine Verwandten, die Grafen von Freiburg-Urach, erhielten durch Rudolf I die Landgrafschaft Baar. Sie kauften die Burg auf dem fürdersten Berg den Sulzern ab und nannten sich anschließend Grafen von Fürstenberg.

Als Ersatz gab es unter Barbarossa für den Zähringer nur eine Entschädigung mit dem Fiskus Zürich und dem Herzogtum Kärnten. Die Spannungen blieben aber bis zum Tod des Zähringers Bertold V in 1218 und darüber hinaus bestehen.

Das betraf auch die Erbteilung der Grafen von Freiburg-Urach und den Kyburger-Habsburgern – deren Mütter waren Schwestern von dem Zähringer Berthold V – bis zu der Krönung von König Rudolf von Habsburg in 1278.

Mit der Verheiratung von Heinrich II von Fürstenberg in 1307 mit Verena von Badenweiler, die die Tochter von Anna von Wartenberg war, deren Eltern Henricus der Struss und Elisabeth von Wartenberg waren, fiel der gesamte Wartenberger-Besitz an die Fürstenberger.

Ab dem Jahr 1284 erhielten die Fürstenberger die Landgrafschaft Baar durch König Rudolf I von Habsburg sowie mehrere Grafschaften, vor allem im Hegau wie Hewen, Nellenburger und anderen, wurden von den Habsburgern übernommen oder gekauft und wurden Vorderösterreicher. Schließlich lösten sich im Schwabenkrieg 1499 die Eidgenossen von Habsburg, und nach der Reformation distanzierten sich die Württemberger und Zollern von den Habsburgern.

Der Bayerische König erhielt für seine Stimme bei der Kaiserwahl im Jahr 1750 von Maria Theresia das Bayerische Schwaben zurück. Damit gab es nun kein Herzogtum Schwaben mehr.

Unter Napoleon entstand im Jahr 1806 das Herzogtum Baden und das Königreich Württemberg. Die Wirtemberger, Wartenberger, Württemberger scheinen als Schwaben in unserer Gegend wohl ihren Ursprung zu haben, ganz besonders in der Region Tuttlingen, zu derem Landkreis wir heute gehören.

Wie glücklich sollten wir heute sein, dass die Alliierten ein einiges Land Baden-Württemberg-Hohenzollern, den Südweststaat, geschaffen haben, und was schließlich unser Land mit der Bewältigung der Kriege durch Integration der Flüchtlinge geleistet hat. Mit ihrer Hilfe und vieler Gastarbeiter ab 1955 wurde der wirtschaftliche Aufbau nach Krieg und Zerstörung erst möglich.

Vor gut 120 Jahren war so manches anders. Viele unterschiedliche Mentalitäten kamen da zusammen. Es fehlten befestigte Straßen, die Wasser-Abwasserversorgung, Strom, Müllabfuhr. Es gab auch keine Gesundheitsvorsorge gegen z.B. Cholera, Diphterie, Pocken und viele andere Seuchen. Spätere Impfungen waren natürlich sehr willkommen.

Häufige Haushaltsgrößen umfassten 10-17 Kinder, dazu die Eltern und Großeltern, kaum Freiraum zum Leben. Wen wundert da die Suche der damaligen Generationen nach Änderungen? Was soll das Jammern der heutigen Jugend, wenn wir dankbar auf die Anstrengungen und Initiativen unserer Eltern und Vorfahren zurückblicken.

Was sagt man allgemein über die Mentalitäten unserer Bevölkerung aus? Die Schwaben gelten als ausdauernd, sparsam, unermüdlich fleißig, bescheiden, anspruchslos im Auftreten und in der Lebensweise.
Der Badener: Mit Fleiß, der Eile mit Weile erfüllt. Seine Weisheit lässt ihn gelassen schaffen und fröhlich sein.

Burg Wirtemberg, Wiege des Hauses Württemberg

Alle gemeinsam auf ein einiges Europa hoffen und den Weg in eine gute Zukunft finden ist etwas, was vielen Generationen vorschwebte. Es kann unter anderem nur gelingen, wenn wir alle für einheitliche Steuer- und Sozialgesetze eintreten, um ein friedliches Europa zu schaffen.

Nachgeborene können
vorherige Epochen weder verstehen
noch beurteilen.
(Voltaire)

Leben zwischen Baden und Württemberg

Meine Heimat ist ein Dorf, das aus zwei Teilen, Kirchen und Hausen, besteht und ursprünglich zum Hegau, im Herzogtum Schwaben, gehörte. Erst nach der Fürstenbergischen Zeit kam es zur Baar und ab 1933 zum Kreis Donaueschingen, da wir ab 1806 zum Land Baden gehörten. Heute gehören wir zum Kreis Tuttlingen, ehemals Württemberg.

Chiriheim – mit der ältesten Kirche im Aitrachtal – und Hausen ist aus dem Meierhof von Bodelshausen entstanden, dessen Besitzungen bis tief ins Pfaffental und Länge, über Reckenbach, Geisingen, Steintäle nach Hintschingen, Hühnerberg, zum Katzensteigle und dem Wolfsteig zu dem Schellings- und Karl Beck-Gut reichte.

Nach Lauer müsste die erste Holzkirche in der Nähe des Bodelshofes, etwa um 630 nach Chr., gestanden haben, wo die Alemannengräber gefunden wurden. Alle urgeschichtlichen Dinge von Kirchen-Hausen drehen sich ja um dieses Bodelshausen. Dieses Gut wurde mit Chiriheim 806 nach St. Gallen durch Isanbart, Sohn von Graf Warin, übertragen. Nach Borgolte wurde auf der Rückseite des Vertrages vermerkt, dass seine Nachfahren eine sofortige Rückgabe verlangen könnten, sollten sie vom Kloster St. Gallen weiter benachteiligt werden.

Bei allen Chroniken ist über die Wartenberger erst ab dem Jahre 1083 etwas zu finden, und so wunderte mich, wie dieses Bodelshausen wieder an die Wartenberger kam und in 1100 von Lantfrid von Gisinga und Rudolf von Guotmadingen an das Kloster Rheinau übertragen wurde.

Es ist eigentlich nur so zu erklären, dass unter Kaiser Karl III um 850-888 die Königsgüter um Nidinga und Königshof Baldinga an Reichenau gingen und die Warin-Nachkommen durch die nahe Verwandtschaft das Lehen erhielten. Wurde zu der Zeit die erste Burg auf dem Wartenberg gebaut? Nannten diese sich damals Wirtemberger?

Laut dem Buch mit dem Titel „900 Jahre Württemberg" gilt ein Konrad von Wirtemberg, dessen Vater Cuno in 1070 die Beutelsbacherin heiratete, als Vorfahre der Württemberger. In 1083 starb der Wartenberg-Vorfahre Cuno, und nach dem St. Georgener Abt gab es große Erbstreitigkeiten. Erst bei der Gründung von Kloster Alpirsbach 1095 erschienen Zollern, Sulzer und Wartenberger gemeinsam zur Einigung.

Die ältesten Geschlechter dürften nach dem Amtenhauser Urbar das Schellings- und das Karl Becke-Gut in 1586 gewesen sein. Erstaunlich erscheint, dass im Verzeichnis von 1586 der Gemeinde Kirchen-Hausen weder die Namen Höfler, Raus, noch Elsässer erscheinen.

In 1433 hat ein Hans Eschäger die Eselmühle an einen Herrn von Reischhach verkauft und dieser wieder an Caspar Liebermann. Die Witwe Liebermann heiratete den Blasius Schmutz, der die Mühle zu einer normalen Fruchtmühle ausbaute. Sind die Eschäger danach auf den Eschentaler Hof im Hintschinger Tal gezogen? Die Elsässer stammen wohl in Hintschingen sowie in Kirchen-Hausen vom Eschäger-Hof ab.

Laut Urbar von 1586 heiratete vermutlich ein Burkhard Zaan in das Becke-Gut ein; man spricht noch heute von Becke-Mathä in Kirchen. Die Becke-Alisis und Becken-Bartle in Hausen dürften wohl aus Karl Becks Gut stammen, dem Meierhof. Humbert Moritz heiratete beim Meier in Becks Gut ein und heute sind seine Nachkommen die größten Landwirte in Kirchen-Hausen.

Maier von Geisingen heiratete in den „Adler" bei Reichmann ein, den Erbauer des Hausener Münster. Schellings Geschlechter teilen sich auf acht Familien auf.

Durch Verheiratung und Zuzug sind in Hausen Schmutz aus Mehringen, Gebs aus Krumholz, Huber bei Bausch, Roßhardt, Merz, Gänsler, Roth, Herren von Auw aus Benken und Käfer aus Klengen entstanden. Die Vorfahrin der Familie Käfer soll eine Französin gewesen sein, die bei Becke aufwuchs.

Käfer kaufte dann die Eselsmühle von Schmutz, welche schon vor 1500 unter den Herren von Sunthausen erwähnt wurde und vermutlich bis 1443 eine Ölmühle war. Nach Berichten meines Onkels, Ewald Elsässer, Singen, stammt der Name von einer Ölmühle, vermutlich durch Eschäger.

Hans Eschäger hat nach dem Verkauf seiner Mühle an

Blick auf Kirchen, alte Ansicht

Linsenmann im Hintschinger Tal den Eschentaler Hof gegründet, und von dort stammen Hintschinger und Hausener Elsässer ab.

Die Witwe Magdalena Münzer, geb. Raus, heiratete in zweiter Ehe den Franz-Josef Elsässer vom Eschentaler-Hof bei Hintschingen. Münzer dürfte aus Gutmadingen stammen, da meine Urgroßmutter eine Ursula Münzer war.

Das Wenger Geschlecht stammt aus Welchingen und dürfte dann bei Zahn, Leibold, Huber eingeheiratet haben. Rottler kam aus Sumpfohren und Tröndle bei Steib stammen aus Behla. Kirchener Elsässer, sofern sie nicht mit Hanse verwandt sind, können ebenfalls von der Ölmühle stammen. Die Hausnamen Säckles, Baldese, Schnider sowie Schriners, Quidos, Schusters sind also auf die Ölmühle Eselmühle Eschägers zurückzuführen.

Zircher von Aulfingen kauften die Ziegelhütte, danach Neidhard. Die ältesten Kirchener Geschlechter waren, neben Beck und Schelling, ganz bestimmt Höfler und Raus. Höflers Name kommt vermutlich von Hofstatt, der Aitlinger mit Hausnamen Karlis, Barlis, Seppelis und Fidelis.

Der Name Raus könnte von Rosstall herrühren, mit den Hausnamen Uri Ernst, sBetze, Sunnewirts. Moritz sind etwa in 1655 von Bierwangen zugezogen und Huober von Obereckingen bei Schorpe, Gillys, Ludikarle, Theodore.

Gorin von Büßlingen, Brodhag von Worblingen, Johann von Auw von Benken, Weyler von Wangen sowie Bantlin von Äschitz, Blasius Schmutz von Meringen. Engessers stammen von Gutmadingen. Bernauer heiratete bei sBetze-Raus ein. Weiter heiratete ein Johann Moritz die Witwe Isabella Höfler. Stammsitz der Moritz dürfte hinter Schorpe-Hus gelegen haben und als Minke-Hus bezeichnet sein.

Nach der „Sonne“ stand das Haus von Schmied Schaller. Markus Hirt aus Gutmadingen hat Sunnewirts Berta geheiratet und die „Sonne“ in den 1950er Jahren abgerissen und neu aufgebaut. Die meisten Namen sind 1655 und um 1812 erfasst, die alten Namen von 1586 sind dagegen erloschen.

Herder Paul hat die Gorin Marie und Emil Birk die Renner Hedwig geehelicht. Gässler heiratete bei Happles ein, war damals der erste Landtagsabgeordneter der KPD in Baden und wurde nach Dachau deportiert.

Binninger aus Ewattingen heiratete bei Leibold ein. Das Stammhaus lag hinter den Besitzungen von Schacherer aus Immendingen, wo ebenfalls eine Ölmühle bestanden haben soll. Federles dürften von Geisingen abstammen und waren ursprünglich Besitzer vom „Sternen“. Nach dem Kauf durch Rudolf Reichmann brannte der „Sternen“ ab und wurde in 1927 von August Roßhardt mit Sohn Max gekauft.

Honold am Kindergartenweg sowie in Hausen müssen wohl Geschwister gewesen sein. Zwei Töchter von Anton Honold heirateten nach Hintschingen bei Finus und Hör ein.

Die Honold-Töchter aus Kirchen waren mit Schacherer und Stadelmann verheiratet. Der Name Kraft stammt vom Markgräfler Land ab, und als Bierbrauer bei der Ochsen-

Brauerei heiratete er bei Leipold ein. Luise Höfler und Karoline Leipold waren geborene Fechtig. Der Name Roll ergab sich durch Einheirat bei den Bartles.

Die Häuser rechts an der Hauptstraße, vom „Gasthaus Mond“ bis Schelling und Roll, dürften erst viel später gebaut worden sein, wie Leipold-Rösch, Paul-Bolzer, Binninger, Hör-Schweizer und Villringer, deren Stammhaus im Winkel lag.

Viele Namen dürften durch Jahrhunderte durch Zuwanderung und Einheirat, auch durch den 30-jährigen Krieg, Franzosenkrieg und den Bau der Eisenbahn zurückgehen. In Kirchen sollen auch die Herren von Wessenberg ein Schloss besessen haben. Hausen gehörte bis 1446 zu den Herren von Sunthausen, Kirchen vermutlich den Herren von Aitlingen und Lupfen, bis zur Lupfen-Fehde im Jahre 1435. Fürstenberger werden ab dem Streit in 1321 erwähnt. Geschlechter kommen und gehen. Es wäre eine große Aufgabe, die Zusammenhänge aufzuklären.

Von der Aitrach führte ein Mühlenkanal von der Käfermühle durch Steibes und Hamburgers Hof zum Kiltelgraben, der hinter dem Sägewerk Merz wieder in die Aitrach, mit Wasserrad zum Betrieb einer Säge, floss.

Das Stammhaus Roßhardt lag neben dem „Adler“. Adolf Schmutz baute das Haus neben Beckes Hof, welches von Schrieners gekauft wurde und das die Familien Denner und Held bewohnten. So war Kirchen und Hausen schon immer stark voneinander getrennt.

Um etwa 1850 erhielten beide Dörfer Schulen mit einem Rathaus, als die Füstenberger die allgemeine Schulpflicht einführten. Die vorher kirchliche Schule wurde zum Armenhaus an der Friedhofsmauer. Bis 1306 blieben die Wartenberger die Lehnherren, zu denen ebenso die Herren von Sunthausen und die Herren von Lupfen, Konzenberg und Reischach gehörten. Erst nach dem Tod von Anna von Wartenberg in 1321 ging Engi und Gisinga an die Landgrafen von Fürstenberg.

In Kirchen gab es die drei Gasthäuser „Sonne“, „Mond“ und „Sternen“ und auch drei Geschäfte, d.h. die Handlungen Paul, Höfler-Fechtig sowie sBender-Rösle – später Elsässer. Und in Hausen waren die Gasthäuser „Löwen“, „Adler“ mit Post, die „Burg“ mit einer Metzgerei und die Handlungen Schelling, Öle-Fette. Hinter dem Gebäude vom „Löwen“, vor Schmutz, stand ein Laden Kuss Line, dann der Geisser Maschinenhandel und später Automobilwerkstätte mit einer Tankstelle.

Weiter wäre das Sägewerk Merz in Hausen und in Kirchen die Schmiede Stadelmann zu erwähnen. Der Benz vom „Mond“ fuhr mit seinem Lkw im Steinbruch in Weizen. Alfred Schmutz sen. kaufte Hamburgers Haus, der dieses im Spielcasino in Baden-Baden verspielt hatte.

Alfred Schmutz sen. betrieb einen Steinbruch am Gauert sowie ein Fuhrgeschäft mit einem Nah- und Fernverkehrs-Lkw. Nach dem Krieg galt ein Konzessionszwang.

Die Gasthäuser „Sonne“, „Löwen“ und „Adler“ besaßen

je eine große Landwirtschaft, denn von einem Wirtshaus allein konnte man nicht leben. Die „Burg“ war zuerst eine Eisenbahnerkantine, von der Familie Hipp-Weiler Mathä und Fanny gebaut und an die Witwe Burgmaier aus Aach verkauft, die mit Sohn Oskar einzog und nun als „Gasthaus Burg“ betrieb. Die Witwe heiratete August Roßhardt und Sohn Max wurde geboren.

Das Gasthaus „Sternen“ gehörte ursprünglich der Witwe Federle, später der Familie Reichmann. Nach einem Brand und Wiederaufbau erfolgte der Verkauf an eine Familie aus Waldkirch. 1927 erwarb August Roßhardt mit dem Sohn Max den „Sternen“. Das Gasthaus tat sich gegenüber der alteingesessenen „Sonne“ bis dahin schwer. Das änderte sich erst mit der Heirat von Max mit Anna, der einzigen Tochter des Rosshändlers Ernst Raus in 1949. 1951 wurde ein Saal mit einer Kegelbahn angebaut. Tanzveranstaltungen mit dem Kirchtal-Trio und den Kirnbergmusikanten fast jeden Sonntag sowie der Latschari-Platz an Fastnacht brachten viel Erfolg und machten den „Sternen“ über die Grenzen hinaus bekannt.

Den „Mond“, der Erbauer ist mir nicht bekannt, kauften Xaver Keller aus Hintschingen mit Kresenzia Hirt von Gutmadingen von Bier-Hübel, wohl etwa 1913. Das Gasthaus wurde von der „Mond“-Kresenz nach dem Tod ihres Mannes mit drei kleinen Kindern geführt. Im heutigen Saal betrieb sie damals eine Bäckerei, deren Einback weit über die Ortsgrenzen bekannt war. Die Witwe Kresenzia Keller hat den Bruder ihres Mannes, der Witwer einer Bartle mit Tochter Ursula war, geheiratet.

Andreas Keller jr., der „Mond“-Benz genannt, ehelichte Liesel Zeller aus Anselfingen und übernahm den „Mond“. Tochter Ursula von Andreas Keller sen. heiratete Leo Au. Im Jahr 1933 brannte der „Mond“ ab und wurde nach dem Wiederaufbau im Rohbau zwangsversteigert.

Die Gasthäuser „Adler“, „Löwen“ und „Sonne“ blieben in altem Familienbesitz und lebten hauptsächlich von der Landwirtschaft. Der „Löwen“ brannte 1953 ab und wurde von der Familie Maier aufgebaut, aber nie wieder in Betrieb genommen.

Im „Adler“ befand sich die Poststelle mit der Resi Höfler am Seiteneingang, bis zur Übernahme der Post durch Anne Wocheler. Die Wirtsleute vom „Adler“ hatten vier Töchter. Die Gertrud heiratete Säger Johann Merz, Agnes den Karl Engesser, Luzia Eugen Wenger und übernahm den „Adler“. Paula heiratete später den Witwer Alois Bausch.

Bis 1910 müssten es noch zwei getrennte Orte gewesen sein. Zu dieser Zeit fungierte Alois Huber (Schorpe) als der Bürgermeister von Kirchen und der „Löwen“-Wirt als Bürgermeister von Hausen. August Huber (Gilly-Gustl) hatte die Funktion des Ratschreibers, Herr Käfer aus der Mühle die des Gemeinderechners, der Anton Kraft die des Gemeindeboten. Alois Bausch las den Strom ab. Josef Schelling und Robert Gebs übernahmen Hausschlachtungen. Schuhmacher Rottler lebte in Hausen, der Emil Elsässer in Kirchen.

Er, der in Sunnewirts-Libdinghüsle wohnte, war der Vater von Egon, dem Gründer des Betonwerkes Elsäßer – zusammen mit Walter Zürcher und Artur Schelling. Dies wurde durch den Bau eines Zementwerkes in Geisingen und dem Wegfall des Betonwerkes Rohrer um 1968 und dem Beginn der Autobahn von Stuttgart zum Bodensee erforderlich. Dieser Betrieb brachte eine Wende in unser Dorf. Er ist heute der größte Arbeitgeber in Kirchen-Hausen.

Auf diesem Gelände lag bis dahin der Sportplatz des SG Kirchen-Hausen. Die Häuser von Forstwart Roth, Jakob und Anna Roth fielen dem Autobahnbau zum Opfer. Die Donau wurde verlegt, wie vermutlich schon einmal bei dem Eisenbahnbau. Das Gelände am Schmittengraben war vermutlich in früheren Zeiten das der stillgelegten Hammerschmiede. So ganz ist mir nicht alles bekannt, jedoch in der Chronik sehr gut beschrieben.

Vor dem Krieg gab es immer polnische und russische Erntehelfer im Dorf, was von Fritz Schelling in seinem Buch „Neuhewen“ schön erzählt ist. Nach dem Krieg da herrschte bei den großen Bauernhöfen wieder häufig Arbeitskräftemangel. Neue Knechte kamen in das Dorf, die oft einheirateten und so für neue Namen bei den alten Geschlechtern sorgten.

Zum Beispiel Willy Wittenberg bei Höflers, Hans Simon bei Schellings. Artur Lütte heiratete Theresia Moritz, Pater Otto bei Binningers, und Paul Gaus, ein Schweizer und Jodler, heiratete Ursula Görke.

Vieles habe ich erst durch Unterlagen bei der Räumung der alten Schule und im „Mond“ gefunden, durch Bücher,

Schriften und Erzählungen erfahren, auch durch meinen Vater erst im Altersheim. Nun, da ich über 80 Jahre alt bin, glaube ich, mit den schriftlichen Aufzeichnungen von früher den kommenden Generationen etwas von meinen Erinnerungen für die Zukunft geben zu können.

Der genaue Zeitpunkt des Zusammenschlusses von Kirchen mit Hausen ist mir nicht bekannt, aber in 1924 wurde die gemeinsame Schule, mit dem Lehrerwohnhaus gegenüber dem Mond, gebaut und eingeweiht. Die alte Schule in Kirchen kaufte mein Großvater 1924, aus Tuttlingen kommend, für den Betrag von 8.650 Reichsmark. Ein Rest von 2.000 Reichsmark musste zu 10 Prozent Zins bei der Gemeinde finanziert und auch das Bürgerrecht musste gekauft werden.

Heinrich Speidel war seit 1909 Chirurgie-Instrumentenmacher-Meister. Der Schulsaal wurde zu einer Werkstatt mit Schmiede, das Rathaus mit Sitzungssaal zu einem Bü-

„Gasthaus zum Mond" – 1910

ro- und Ausstellungssaal ausgebaut. Im obersten Geschoss befand sich eine Wohnung mit fünf Zimmern. Zum Haus gehörte ein großer Garten. Im oberen Geschoss gab es keine Toiletten. Die Schultoiletten befanden sich hinter der Werkstatt für das ganze Haus. Neue baute man erst einige Zeit später an.

Beim Um- und Ausbau waren Handwerker aus dem Ort beschäftigt: Der Maurer Franz Villringer, der Flaschner Johann Fröhlich, Anton Bernauer als Zimmermann, Gipser Christian Weinmann, Elektrik B. Binninger, Malermeister Josef Scheuble, Hafner Karl Seeh, Schreinerei Anton Honold sowie Maschinenhandlung Franz-Josef Geisser. Die Gesamtkosten beliefen sich auf rund 2.000 Reichsmark, bei früheren Stundenlöhnen von 20 bis 30 Pfennige.

Die Zeit der beginnenden Elektrifizierung, der Motorisierung und die ersten Rundfunkgeräte waren die Themen, die die Menschen beschäftigten. Die Landwirtschaft war im Vollerwerb mit Pferden, Knechten und Mägden tätig, die kleineren Bauern im Nebenerwerb bei Bahn-, Straßenbau-, Gemeinde- oder aber auch Waldarbeiten. Sie alle sowie die Handwerker beherrschten das Dorfbild.

Durch seine Tätigkeit als Sanitäter im 1. Weltkrieg hatte mein Großvater Heinrich Speidel zu Professoren Kontakt. Sie schickten ihm Zeichnungen zur Anfertigung ihrer Instrumentenwünsche – und das Geschäft florierte. Als medizintechnisches Unternehmen lieferte er sogar in die USA und nach Norwegen.

Alle drei Söhne lernten den Beruf des Chirurgischen Instrumentenmachers und beschäftigten weitere Gesellen sowie Lehrlinge aus der Umgebung. Als Mitarbeiter sind mir noch in Erinnerung: Anton Moritz, Siegfried Gaus, Gerhard Görke, Bernhard Schelling und Rudolf Burgert. Sohn Otto Speidel starb im Jahr 1928 an einer Lungenentzündung.

Ein Problem entstand durch den Ortswechsel von Württemberg nach Baden. Man warf Heinrich Speidel aus der württembergischen Handwerkskammer in Reutlingen. Die Lehrlinge sollten folglich nun nach Offenburg zur Schule gehen und nicht mehr nach Tuttlingen. Dies wurde mir durch ein Schreiben an den Innungsobermeister in Berlin 1924 bekannt. Auch musste mein Vater 1932 erst die badische Staatsbürgerschaft beantragen, damit er an der TH in Karlsruhe das Elektrofach studieren konnte.

In 1933 brannte der „Mond“ ab und wurde danach im Rohbau zwangsversteigert. Er war im Besitz von Andreas Keller, „Mond“-Benz genannt. Er besaß den ersten Lkw im Ort und seine Mutter, die „Mond“-Kresenz, war als gute Bäckerin bekannt.

Die Bäckerei stand da, wo später der Saal gebaut wurde. Bei dem Rohbau sah man die Bäckerei mit Laden zwischen Gaststube und Scheune vor, den Stall hinter dem Haus. Da mein 27-jähriger Vater glaubte, da könnte man eine chirurgische Instrumentenfabrik ausbauen, bot er mit. Der „Mond“ blieb eine Hängepartie. Leider hatte er die Mittel nicht, und finanzielle Probleme durch weitere Forderungen von Gläubigern und einem Biervertrag führten dazu, den

„Mond", zusammen mit seiner Schwester, neben seiner Arbeit bei seinem Vater, zu betreiben.

Ein Schreiben der Rhein. Hypothekenbank bot ihm an, vom Kauf zurückzutreten, da sie ihn nicht für zahlungsfähig hielt und ein anderer Interessent da wäre. Allerdings hatte mein Vater schon zu viel Geld in den „Mond" gesteckt, so dass er das Angebot nicht annahm. Am 1.5.1934 eröffnete er den „Mond" mit einer Filmvorführung.

Am 7. Mai 1935 heiratete er die Theresia Hirt als jüngste Tochter des Bürgermeisters aus dem alten Busche-Bauerngeschlecht in Neudingen, die er in Karlsruhe bei seiner Studienzeit kennengelernt hatte. Deren Eltern waren damals streng gegen jegliche Verbindung mit einem Evangelischen eingestellt.

Bis dahin bemerkten die Kirchen-Hausener nicht, dass

Alte Schule in Kirchen-Hausen

die Speidels nicht katholisch waren. Es gab im ganzen Umkreis keine evangelischen Kirchen, und so gingen sie notgedrungen in die katholische Kirche. Meinen Onkel hatte man sogar als Mitglied in die katholische Männerjugend aufgenommen. Erst als mein Vater und sein Bruder heiraten wollten, gab es Probleme. Denn sie waren evangelisch, und man wollte meine Mutter sogar enterben. Meine Mutter half vorher oft im „Rössle" in Neudingen und im „Ochsen", Gutmadingen bei Verwandten, sodass ein Gasthaus ihr Traum war.

Sie setzte sich aber durch, und ihre Brüder halfen auch ihr beim Ausbau des „Mondes". Der „Mond" wurde ein Erfolgskonzept, zumal es einziges Gasthaus mit einem ebenerdigen Saal war. Früher hatten die Gasthäuser nur einen Saal im ersten Stock. Auch trugen Arbeiter vom

Heinrich Speidel, Blick über Kirchen

Boner-Erzabbau der Firma Haniel und Luig in Blumberg und Gutmadingen zum Erfolg bei. Überdies konnte meine Mutter wirklich gut kochen.

Nach 10 Jahren Biervertrag glaubte mein Vater, er könnte immer noch eine Fabrik aus dem „Mond“ machen. Damals dachte doch niemand an Krieg und alle hofften auf ein friedliches Europa. In der Gaststätte stand ein Billardtisch, umd mein Vater erfüllte meiner Mutter den Wunsch für ein Klavier, das ihr Vater immer ablehnte, da ein Klavier nicht in eine Bauernstube passen würde.

Auch lehnte der Neudinger Großvater die beginnende Elektrifizierung streng ab. Er meinte, so ein Teufelszeug käme ihm nicht in sein Haus! Wie sich doch die Einstellungen der Elterngeneration und unsere geändert haben. Ein anderes Beispiel: In früheren Generationen betrachtete man bis zu zehn Kinder als üblich. Bei meinen Eltern galten fünf Kinder als normal, und in unserer jetzigen Generation gelten drei Kinder schon als viel.

Im oberen Stock gab es nur vier Zimmer zur Straße hin. Vor der Hochzeit wurde der hintere Teil aufgestockt mit Schlaf-, Wohnzimmer und einem Bad sowie einem Anbau für Damen und Herren-WC. Es sind die einzigen Pläne, die noch vom „Mond“ vorlagen. Die restlichen Zimmer wollten meine Eltern in 1937 zu Fremdenzimmern umbauen. Ein Antrag auf Baugenehmigung und Konzession wurde mit der Begründung abgelehnt, Kirchen-Hausen verfüge ja bereits über genügend Fremdenbetten.

Meine Kindheit begann am 13. Juli 1941, also mitten im Krieg, im „Gasthaus zum Mond“ als die zweite Tochter von Wilhelm Speidel und Theresia (Busche-Resli), mit der Hebamme Morize-Fränzele. Meine ältere Schwester Ursula war da bereits vier Jahre alt. Maria Kuenz aus Neudingen, die spätere Frau von Bürgermeister Andreas Roll in Kirchen-Hausen, arbeitete bei uns als Kindermädchen. Mit etwa drei Jahren ging ich nach dem Kindergarten mit meinem Essbesteck immer zu unserer Nachbarin Karoline Leipold. Man hatte in einer Wirtschaft für ein kleines Kind keine Zeit.

Im Haus befanden sich Evakuierte aus Essen und Bochum. An die Tante Käthe kann ich mich noch erinnern. Sonntags kam immer unser Opa nach der Kirche und bei schönem Wetter ging er mit uns die Staig entlang in das Pfaffental. Dabei erklärte er uns alle Blumen und Pflanzen. In der Brunnenstube im Pfaffental wohne der Storch, der die kleinen Babys bringe, behauptete er. Auch sorgte er immer für Würfelzucker, die ich ans Fenster legte und mir zu seiner Freude einen Bruder wünschte. Mich wundert bis heute noch, wo er im Krieg zu dem Würfelzucker kam. Bei schlechtem Wetter spielte er mit uns Karten, oder wir bauten Häusle daraus. Die Mutter konnte in dieser Zeit ruhig kochen und Gäste betreuen.

Vater war trotz seiner UK-Stellung in 1940 mit seinem Bruder nach Gotenhafen zum Marine-Arsenal eingezogen worden. In unserem Keller wurde mir ein Kinderbett neben dem Kartoffel- und Apfellager, hinter dem Kohlenkeller, gestellt. Bei Jabo-Angriffen rannten alle in den Keller. Ich

Grußkarte aus den 1950er Jahren

Innensaal, „Gasthaus zum Mond“

bekam da furchtbare Angst.

Am 17. Dezember 1944 wurde meine Schwester Ursula und ich zu Ludy-Karl und Lydia Huber, nebenan, rechts vom „Mond“, geschickt. Wir wussten nicht warum, aber als wir wieder nach Hause kamen, war eine kleine Schwester da. Der Opa gab sich riesig enttäuscht, dass es kein Sohn war und fuhr zu seiner Tochter nach Fellbach. Das Fass Wein für die Soldaten bei einem Sohn verschenkte er.

Nachts fuhr meine Mutter oft mit dem Fahrrad nach Neudingen, um Fleisch, Fett, Mehl zu bekommen, um für die Evakuierten und durchziehenden Soldaten einen Eintopf oder uns ein Müsle zu kochen. Den Soldaten gab sie oft Hacken, Rechen und Schaufeln und verkleidete sie in Bauernkleidung, damit sie nicht in die Hände von Franzosen fielen, um sich in die Heimat zu retten.

Mutter hatte einen Volksempfänger im Schrank. Vater sollte mit der Gustloff kommen, und sie hörte nachts die Nachrichten ab. Als sie vom Untergang der Gustloff hörte, waren wir alle verzweifelt und am Boden zerstört. Krieg und der Vater kam nicht mehr nach Hause. Die Franzosen rückten immer näher. Vom Galgenbuck schossen sie auf die Häuser in Hausen. An der Bettelküche ging ein evakuiertes Mädchen spazieren und wurde tödlich getroffen.

Auf einmal fuhren französische Lkws auf den Schulhof, besetzt mit Soldaten. Ich befand mich gerade in dem Zimmer, den wir Laden nannten, Mutter war mit Bügel- und Näharbeiten beschäftigt. Die Soldaten kamen über die Straße und holten meine Mutter mit Anna Roth, unser neues Hausmädchen und weitere Frauen ab, ebenso Sunnewirts-Berta, die gerade hinter unserem Haus auf dem Feld war und luden alle auf die Lastwagen. Wir weinten und schrien, glaubten, wir hätten sie verloren. Die evakuierten Hausbewohner trösteten uns. Am Abend fuhren die Lkws wieder in den Schulhof und unsere Mütter kamen heil zurück. Wie Mutter erzählte, mussten sie Handgranaten im Seltel aufladen.

Wie froh waren wir, doch am nächsten Tag wurde der ganze untere Stock mit französischen Soldaten beschlagnahmt. Wir hatten nur das Wohn- und Schlafzimmer mit Bad. Im Wohnzimmer waren noch Kekse und ein Kocher für Tee vorhanden. Nach zwei Tagen nahm sie meine Schwester Gisela auf den Arm. Mit Ursula und mir an jeder Seite ging es die Treppe hinunter, mit der Bemerkung: „Und wenn sie uns totschießen, wir müssen was zu essen haben."

Der Koch war ein Pole, und der französische Kommandant genehmigte, dass wir den Elektroherd ins Bad bekamen und das Nudelbrett über die Badewanne legen durften, um kochen zu können. Ursula durfte jeden Abend in Begleitung eines Soldaten in die Käfermühle, um Milch zu holen. Es gab Kartoffel- oder Griesbrei mit Apfelmus. So kamen wir bis zum Abzug der Streitkräfte durch. Dies nur eine Ergänzung auf das schöne Tröndles Buch „10 Tage im April 1945".

Einmal nachts, wir schliefen schon lange, klopfte es an der hinteren Haustür. Vater kam, was für eine Freude! Aber da die Franzosen im Haus waren, musste ihn Mutter im

Schrank verstecken. Er befand sich noch in Gotenhafen, als die Russen schon anrückten. Aber es durften nur Flüchtlinge auf die Gustloff, erzählte er von den Strapazen. Ein Fischerboot habe sie herausgebracht, und als sie in Kiel waren, durfte er seinen lange genehmigten Heimaturlaub antreten.

Wegen den Bombardierungen von Zügen und Bahnhöfen hat es aber Wochen gedauert. Als sie endlich in Ulm ankamen, mussten sie sich so per Anhalter bis nach Kirchen-Hausen durchschlagen. Der Urlaub war bereits abgelaufen und eine Rückreise nach Kiel stellte sich als unmöglich dar. Vater musste sich in Sigmaringen melden und wurde da entnazifiziert.

Danach musste er, zusammen mit dem Wirt des „Löwen", Jäppelt und anderen helfen, die Donaubrücken abzuräumen und wieder aufzubauen. Da er vor dem Krieg seinen Opel P4 abzuliefern hatte, bekam er von den Franzosen einen DKW zur Verfügung und musste mit dem Kommandanten und dem Forstmeister in die Wälder fahren, wo das schlagbare Holz ausgesucht wurde.

In Kirchen-Hausen gab es nach dem Krieg nur ganze drei Autos, beim Geisser, Uri-Ernst und meinem Vater sowie drei Telefone in der Post, bei Ernst Raus und bei uns. Unsere Kinderaufgabe bestand im Telefonausrichten, meist zu Villringers und Pauls.

Den Opel P4 hatte mein Vater als defekt stehengebliebenes Fahrzeug vor dem Bahnhof Hotel Brodhag gegen Auslösung der Zeche gekauft und selbst instand gesetzt. Dies sollte bereits in 1931 gewesen sein, weil Gerhard Wenger mir erzählte, dass mein Vater ihn zur Taufe gefahren und ein Rad in der Kurve verloren hätte. Auch hat er damals Fotografien für die Leute gemacht.

Es war eine harte Zeit. Lebensmittel erhielt man durchweg nur auf Marken. Sollte man beispielsweise keine Tüte für Zucker, Mehl usw., oder keine Flasche für Essig, Öl u.a. dabei haben, bekam man nichts. Maisbrot, etwas Obst und Gemüse aus dem Garten, Suppe, Kartoffeln und Sauerkraut erwiesen sich als die Hauptnahrungsmittel. Milchreste aus Käfers Mühle wurden zu Bibeliskäse aufgestellt. Der Rahm wurde zur Butterherstellung abgeschöpft.

Meine Mutter erhielt von Neudingen eine Kuh. Mit Kartoffel- und Gemüseresten sowie Tropfbier fütterten wir ein Schwein. Aber woher auch das Futter für die Kuh nehmen? Da wir kein Feld besaßen, musste Vater Feldraine und Wiesen steigern. Die mähte er morgens um 4 Uhr mit der Sense und um 7 Uhr ging er zum Opa in die Werkstatt, um zu arbeiten. Nebenher richtete er mit einem Krauthobel und einer Dosenschneid- und Schließmaschine die Büchsen für Hausschlachtungen. Einmal im Jahr wurde ein Reisschlag gesteigert, um das Brennmaterial zu besorgen.

Den DKW konnte mein Vater verkaufen und den Ford Taunus aus der Neudinger Mühle damit erwerben. Aus den Achsen seines alten Opel P4 zimmerte er einen Anhänger an den Ford (Katzenbuckel), mit dem wir damals das Heu von den Wegrainen abholten, was wir vorher – immer nach der Schule – wendeten und schöchelten.

Das Baugeschäft Anton Villringer baute für das Fürstenhaus die Schächerkapelle, und täglich mussten wir mehrmals das Telefon ausrichten. Wenn wir Vater etwas auszurichten hatten, komplimentierte man uns gleich aus der Werkstatt hinaus, da wir unsere Kleider ja dreckig machen würden. Man schickte uns dann zur Oma, die uns gleich eine Arbeit auftrug.

Karli Karl hatte einen Holzvergaser, der oft stundenlang einen fürchterlichen Krach machte. Der Uri Ernst brachte mal Orangen und Bananen mit, welche Überraschung! Außer Hochzeiten, Leichenschmaus, Polterabend war tagsüber in einer Gaststätte nicht viel los, außer wenn mal ein Holzfuhrwerk anhielt. Diese Männer brachten ihre Vesper mit, wir stellten nur Vesperbrett und Senf. Für mehr hatten die Leute damals kein Geld.

Margarete mit ihren Eltern am Bodensee

Bei Hochzeiten brachten die Angehörigen ihre Kuchen, Torten und Essen selbst mit. Bei der Hochzeit von Pfarr-Gretel mit dem Hugo Ley bestand das Dessert aus einem Fruchtsalat mit Orangen und Bananen – sensationell. Es gab auch recht lustige Hochzeiten, zu denen der ganze Ort eingeladen war. Außer den engsten Familienmitgliedern waren aber alle Selbstzahler. Voran wurde eine Nudelsuppe gereicht und als ersten Gang fein gekochtes Rindfleisch mit Erbsen, Möhren und Kartoffelbrei, dann als zweiten Gang einen Braten mit Gemüse und Spätzle, zum Abschluss einen Pudding. Zu je einem Gedeck gehörte immer ein guter Viertel-Liter Wein aus der Bouteille. Was für eine Arbeit, diese reinigen und auspolieren zu müssen.

Inzwischen halfen bei uns aus die Hausmädchen Rita und später Hilde vom Münstertal, da Maria zurück nach Neudingen musste. Meine größere Schwester und ich zankten uns öfters um die kleine Schwester, jeder wollte sie behüten. Da musste Hilde zu Erntearbeiten nach Hause ins Münstertal und nahm mich mit. Ich muss wohl so um die fünf Jahre alt gewesen sein. Es gefiel mir, und als sie zurück nach dem „Mond“ fuhr, wollte ich nicht mitgehen. Also wohnte ich den ganzen Winter über dort.

Er war ein alter Bauernhof, der Leisackerhof, neben dem Gut des Barons von Landenberg gelegen. An Weihnachten gingen wir mit Fackeln zum Trudpert Kloster. Damals war noch zu Ostern der Beginn des Schuljahres, ich zählte noch keine sechs Jahre. Doch eines schönen Tages rief Mutter an, ich müsse sofort nach Hause kommen. Der Schulbeginn habe sich geändert, sagte sie, und ich müsste ab dem 1.

Kloster Sankt Trudpert

August 1947 in die Schule gehen.

Die Familie Gutmann fuhr mich mit einer Pferdekutsche nach Freiburg und setzte mich in einen Bus, da die Ravennabrücke noch zerstört war. Mein Vater holte mich in Donaueschingen ab, zuhause kam mir nun alles fremd vor. Spielsachen und Puppe hatte jetzt die Gisela in Beschlag, und es hieß, ich wäre nun zu alt dafür.

Inzwischen wohnten sehr viele Flüchtlinge im Ort. Bei meinen Großeltern logierte die Familie Lingk im ehemaligen Rathaus, im Obergeschoss Familie Zapp. Im Armenhaus wohnte der Uhrmacher Viktor sowie der krumme Julie, der mit allem Möglichen handelte. Dazu die Familie Görke, Familie Stamm in Schellingshus. Die Familien Kluth und Lott wohnten im Pfaffental, Frau Blank und Nauroschat in der Ringstraße, Kazmarek im Heiners-Hus, neben dem „Sternen", die Nora und Familie Lange in Schallers-Hus, Familie Neumann, Syraki und Jeschke bei der Cholast.

In der alten Schule in Hausen kamen die Familien Butschek und Moritz unter, Familie Zodrow bei Elsässer, die Schriners bei Kuno und Antonia, Familie Büchele und Siebert im Hus Schelling, heute Lauche. Familie Klukas kam im Kindergarten unter, Die Familie Greiner in der Schule, Familie Mecklenburg in der Ringstraße, Familie Braunigger in der alten Stumpen-Fabrik König, das Steibe-Stammhaus und Familie Petz in der alten Hausener Schule.

Zu dieser Zeit war wohl halb Tuttlingen verwandt. Als Hamsterer kamen sie mit dem Zug um 8:30 Uhr. Man nannte sie alle Tanten, weil man auf ein Schokolädle hoffte und trug die Taschen vom und zum Bahnhof. Mutter und Oma hatten für sie Schmalz, Mehl, Kartoffeln oder Eier von den Bauern besorgt. Die Evakuierten zogen wieder in ihre Heimat, bis auf Familie Zindt mit Sohn, die in der Käfervilla wohnten. Kurt Zindt heiratete Rösle Hör und baute im Garten hinter unserem Haus eine Modellbauschreinerei.

Bei dem Pfarrer Heiler wohnte eine Russin, ein Fräulein Scharnow, die Klavierunterricht gab. Frau Senger mit Maria arbeitete als Haushälterin im Pfarrhaus. Der erste Schultag begann mit so vielen Fremden, die einen anderen Dialekt sprachen. Herr Hack und Frau Karsch waren unsere Lehrer. Im Dachgeschoss wohnte Familie Karl Moritz mit Rita, Helga und Karin.

Als Familie Hack nach Hausen vor Wald zog, kam unser

Die Wallfahrtskapelle

neuer Lehrer, Herr Kaiser. Da er noch nicht in die Lehrerwohnung einziehen konnte, wohnte und speiste er bei uns. Mein Problem war, er wusste, dass ich keine Suppe mochte. Beim Nachmittagunterricht fragte er mich immer, ob ich Suppe gegessen hätte. Ich wurde natürlich rot und fing an zu weinen. Dabei fuchtelte er mit dem abgebrochenen Tatzenstock vor meinem Gesicht herum und wollte mich zum Lachen bringen. Aber dabei stach er mir versehentlich in den Backen. Den Tatzenstock haben damals noch viele zu spüren bekommen: Robert Lott und der Fritz Görke taten uns allen immer sehr leid.

Wenn wir von der Kirche oder dem Kindergarten nach Hause liefen, saß meist der alte Binninger-Karl mit seiner Pfeife auf dem Bänkle und meinte immer: „Ihr kommt mal in den Rollwagen." Was das bedeuten sollte, weiß ich bis heute nicht. Am Mittwochnachmittag hatten wir Gruppenstunde im Kindergarten und den Kommunions-Unterricht in der Pfarrscheuer.

Die Fastnacht war für uns immer ein Großereignis. Man studierte einen Umzug nach Märchen ein, wie etwa „Die sieben Schwäne". Als Schwanenkopf wurde ein Vorhang mit Papier und Kleister ausgestopft und als Schwan bemalt, was mir noch gut in Erinnerung geblieben ist.

Und im Winter fuhr man Schlitten, vom Bergle bis hinab zu dem Lindenbaum. Im Sommer gingen wir an den Gauert zum Erdbeerpflücken, oder aber auf den Feldern Ähren als Hühnerfutter lesen.

Im Oktober ging man jeden Abend auf das Bergle zum

Rosenkranz. Klaus Hogg (der Erzabt Theodor von Beuron) war der Verwalter des Schlüssels, den wir immer abholten. In späteren Jahren ging man in den Schulferien zu den Bauern, um auf dem Feld zu helfen, oder Tännle im Wald mit Forstwart Roth setzen.

Im Herbst wurden die Kühe ausgefahren und wir sollten hüten, aber es war doch viel interessanter, im „Fröschenloch“ nach Heiligenbildern, Töpfe, Pfannen und Sonstigem zu angeln. Damals gab es noch keine Müllabfuhr und die Leute entsorgten fast alles in dem Tümpel, den man „Fröschenloch“ nannte. Unerklärlich ist mir, dass aus diesem Tümpel später ein Tiefbrunnen wurde.

Die Hippe-Fanny fuhr mit ihrer Chaise durch das Dorf und bot Eier, Nudeln und Sonstiges an. Der Sailer Siegfried verkaufte aus seiner Gärtnerei Setzlinge, Salat, Gemüse. Später machte ihm dann Federle mit Ware aus Reichenau Konkurrenz. Hausierer, Bettler und Obdachlose erhielten vom Pfarrer eine Suppe, und die Gemeinde zahlte eine Übernachtung in dem Hans Bausel-Zimmer. Sinti und Roma und anderes fahrendes Volk kampierten bis zu drei Tagen an der Bettelküche.

Mit dem Fahrrad holten wir in Geisingen bei dem Hüslebeck und beim Kramer im Fischer, was man uns aufgeschrieben hatte, im Winter mit Schlitten. Frau Reichmann zog mit ihrem Ponny durch das Dorf und brachte die Post. Später kam der Bäcker Dullenkopf aus Leipferdingen mit Pferdewagen – im Winter mit Schlitten – und brachte Brot, Einback und Brezeln. Wir freuten uns, mitfahren zu dürfen.

Auch der Metzger Saile – von Immendingen – lieferte samstags Fleisch und Wurst. Für uns Kinder spendierte er immer ein Wienerle, das nannten wir Sailewürstchen. Limonade, Sprudel und Säfte lieferte Horn von Möhringen, die Brauerei das Bier in Fässern. Flaschenbier gab es zu der Zeit noch nicht. Die Leute kamen oft ans Lädele bei unserer Theke und holten einen Krug Bier oder einen Viertel-Liter Schnaps, besonders zur Ernte- und Dreschzeit.

Gemeinderechner Käfer versorgte sich oft mit einer guten Zigarre. Likör und Wein musste am Bahnhof mit dem Leiterwagen oder Schlitten beim Bahnhofsaufseher Bach, den wir ja wegen seines Kautabaks fürchteten, abgeholt werden. Jener Likör kam da in fünf Liter Korbflaschen, der Wein in Kisten, wobei jede einzelne Flasche in einer Strohhülse steckte. Bei Hochwasser angelten wir die Strohhülsen im Keller mit Hilfe unserer Gummistiefel, die sich dabei bestens bewährten.

Unserer Weinhändler hatte bei seinen Besuchen immer kleine Probefläschchen dabei, und meine Eltern bestellten nach diesen Proben den Wein. Das geschah aber nach der Währungsreform im Jahr 1948.

1948 fand eine Straßenwärterversammlung statt. Da es noch gar keinen Wein zum Ausschank gab, überlegte man, was man denn anbieten könnte. Vater hatte aber nur Most im Keller und der Straßenmeister probierte ihn. Begeistert nannte er den Most „Mond-Riesling“, der anschließend für 10 Pfennige für einen Viertel-Liter verkauft wurde. Mein Vater meinte, es wäre sein erstes Geld.

Zum Weißen Sonntag bekam ich das aus Mutters Hochzeitskleid gefertigte Kommunionskleid meiner Schwester. Die Glunk Marie aus Neudingen hat es für mich soweit geändert. Zur Anprobe fuhr ich mit dem Fahrrad hin.

Mit neun Jahren entwickelte sich durch eine unausgeheilte Angina eine Herzmuskelentzündung. Entsprechend war ich lange bettlägerig und durfte nachher keinen Sport mehr betreiben. Lehrer Kaiser brachte mir Bücher zum Lesen. Ich las sehr gerne, und diese Leidenschaft ist mir wohl bis heute geblieben. Meine ältere Schwester machte mir oft das Licht aus. Ich zog mir dann halt die Decke über den Kopf und las mit Hilfe einer Taschenlampe weiter.

Am schönsten war es in der Gaststätte, wenn die Jäger nach einer Treibjagd zusammen saßen und viele alte Lieder sangen, die wir oben in unseren Zimmern hörten. Sonntags

Ruine Mägdeburg

kam oft die Becke Hermine und sang den Gästen vor.

Unser erster Schulausflug war eine Zugfahrt nach Singen zu den Maggi-Werken. Nach dem Besuch und einer Suppe ging es auf den Hohentwiel, von da auf den Hohenkrähen und zum Mägdeberg. Dann ging es abends von Mühlhausen mit dem Zug zurück nach Hause. Auf dem Weg trafen wir die Schüler von Hausen vor Wald mit dem Lehrer Hack.

Leider verstarb unser Lehrer Kaiser überraschend 1953. Die ganze Schule ab der 4. Klasse fuhr mit dem Zug, samt Bürgermeister und den Gemeinderäten, nach Kandern zur Beerdigung. Anschließend kam Lehrer Hack wieder zu uns als Hauptlehrer, nach einer kurzen Übergangszeit mit den Lehrern Vetter und Bader.

Kirchen-Hausen hatte zu dieser Zeit 670 Einwohner mit 84 Landwirten, die Feuerwehr, Narrenverein, Fußballverein den Kirchenchor, Handharmonikaclub und eine Tanzband: Andreas Tröndle (Akkordeon), Hans Simon (Gitarre) sowie Gerhard Wenger (Bass), Walter Zürcher (Schlagzeug) sowie Rudi Held (Trompete) – das Kirchtaltrio. Vor dem Krieg gab es auch einen Schützenverein und ein Streichorchester.

Neben dem Haus vom Ludikarl stand das Milchhüsle. Es diente unter Martha Villringer für das ganze Dorf als Jugendtreffpunkt. Im Jahr 1950 wurde ein Schlachthaus mit Viehwaage gebaut. Daneben stand der Farrenstall unter der Leitung von Gustav Tröndle.

Vom Lehrerwohnhaus bis zur Familie Roll standen früher keine Häuser, es war lediglich noch freies Feld. Erst gegen Ende der 50er Jahre baute die Familie Paul Hogg, Schuhmacher und Organist, die bisher im Kindergarten wohnte sowie Fortbildungsschullehrer Kienzler mit Irmgard je ein Einfamilienhaus, rechts der Straße.

In den Jahren von 1948 bis 1951 über waren wir etwa ab Oktober durch Weihnachtstheater, mit Proben in unserem Saal, geleitet von den Lehrern Hack und Kaiser und mit Kulissenbau durch den Maler Hans Müller von Geisingen, voll ausgebucht. Es gab solche Titel wie z.B. „Der Trompeter von Säckingen“ oder das „Trauringerl“. Man präsentierte immer einen Dreiakter als Hauptstück und danach noch ein Lustspiel. Beim „Trauringerl“ spielte Gerhard Wenger den Richter und Helmut Stiel den Polizisten. Damals war der Denner mal wieder Übernachtungsgast und nach der Vorstellung haben sie ihn im Zimmer erschreckt und unter die Bettdecke geschossen.

Nach jeder Vorstellung wurde feste gefeiert. In Runden floss der Likör, einmal sogar der neue Eierlikör in Viertelesgläsern – welche Gaudi! Gleich nach Weihnachten wurde für die Fastnachtsbälle mit dem Einbau von Gartenlauben durch Schreiner Renner begonnen und – je nach dem Motto – die Dekoration mit blau-weißem Himmel, plus einem Schiff auf der Bühne, zum Beispiel „Blaue Nacht am Hafen“, aufgebaut. Echt eine Heidenarbeit.

Ja, nach dem Krieg wollten alle die Schrecken vergessen, feiern und fröhlich sein. Sehr gut ist mir der Auftritt des Weiberregiments in Erinnerung: Die Frauen Moritz, Hack, Hogg, Paul und einige andere, vom Straßenmeister einstudiert. Der Johann Birk und Christian Lenz stellten das Narrenpaar dar. Ein riesiges Fest war auch die Glockenweihe im Jahr 1949. Mitten in diese Veranstaltungen erschien der Spätheimkehrer Johann Birk. Ein riesiges Hallo!

Nach 1950 führte Herr Kaiser vom Gloria-Kino jede Woche einen Film im Saal auf. Den Saal richten, aufräumen und das Parkett spänen, das betraf uns. Da fanden wir auch unsere ersten Zigaretten.

Am Sonntag kamen die Jugendlichen zum Tischtennisspielen. Zwei große Tische im Saal stellte man zusammen, und der 10er Plattenspieler wurde auf den Lautsprecher im Saal umgestellt. Die einen lernten tanzen, die anderen spielten Tischtennis. Das gefiel uns gut. Die älteren Männer im Lokal wollten nicht beim Kartenspiel oder Diskussionen über die Politik gestört werden.

Mein Vater erzählte, dass sie früher als Jugendliche nicht vor dem 21. Lebensjahr in eine Wirtschaft gehen durften. Nur die „Mond"-Kresenz habe ihnen ab und zu in der Backstube mal ein Bier ausgeschenkt. So waren wir doch froh, dass wir den Saal nutzen konnten und übernahmen dafür gerne die Aufräumarbeiten.

Ab 1951 hatten wir keine Hausgehilfin mehr, da meine Schwester Ursula den Job nach ihrer Schulentlassung gerne übernehmen wollte. Kurz vor der Fastnacht verstarb die Neudinger Großmutter, wir konnten daher nicht mitmachen. Meine Schwester Ursula litt an einem Hautausschlag, der trotz Klinikaufenthalt in Freiburg wieder kam. Sie genierte sich dann oft zu bedienen.

Obwohl ich noch keine dreizehn Jahre alt war, musste ich daher mehr helfen zu bedienen. Inzwischen hatte uns die Sportgemeinschaft SG Kirchen-Hausen zum Vereinslokal erkoren, und nach jedem Heimspiel gab es einen Humpen vom Bier. Bei Auswärtsspielen fuhr der Fuhrunternehmer Schmutz mit Bänken auf der Ladefläche zum Spiel. Vater ließ eine Musikbox aufstellen, die neuesten Platten suchten aber wir aus.

1951 wurde mein Vater ein SPD-Gemeinderat bis 1965 und übernahm die Schlacht-/Wiegehausverwaltung samt der Tätigkeit als Waldmeister für die Gemeinde, nachdem er sich mit seinem Bruder über die Instrumentenfabrikation nicht einigen konnte.

Mein Großvater starb in 1948 bei einer Magenoperation, und der Betrieb wurde dann als Erbengemeinschaft geführt, was wir erst nach dem Tod von Heinrich in 1989 erfuhren. Mein Vater kaufte 1948 das angrenzende Neidharden-Haus, um den Betrieb zu erneuern und zu erweitern, aber er kam mit dem Bruder Heinrich nicht klar. Im Neidharden-Haus wohnte Hedwig Renner, und nach deren Auszug 1951 zog Herr Bernhard Übert mit seiner Frau Maria, geb. Schmutz, ein und wohnte da bis 1967.

Im Jahr 1953 hatte mein Vater den ersten Fernseher gekauft, die WM 1954 brachte ein volles Haus. Die Leute standen sogar in den Fensternischen, und ich fragte mich später immer, wie konnten die Gäste bei dem kleinen Bildschirm den Fußball überhaupt sehen? Die Stimmung, der Lärm und Jubel – einfach unbeschreiblich.

Einen deutschen Sender gab es noch nicht, man konnte

nur den Sender aus der Schweiz empfangen. Der Stammtisch bei uns, besonders Herbert Geisser, schrieb die TVAnsagerin Heidi Abel damals an. Sie bedankte sich mit einer Antwort an den „Mond“.

Herbert Geisser galt zu der Zeit als ein vielbewunderter Porsche- und Rennfahrer. Man erzählte sich, dass einmal junge Burschen aus Jux seinen Porsche hinter den Farrenstall geschoben und aufgebockt hätten.

Die Maiennacht war immer ein besonderes Ereignis. Mit Stroh im Haar kam einmal der Lothar Villringer in unser Lokal und erzählte stolz, dass er es den jungen Leuten gezeigt und seinen Kultivator und Düngerstreuer mit einem Elektrozaun gesichert habe. Als dann später die Gäste nach und nach das Lokal verließen, entstand auf einmal ein Riesenlärm, so wie bei einer Pferdekutsche. Lothar rannte sofort raus, aber es war schon zu spät: sein Kultivator und der Düngerstreuer lagen schon in der Aitrach.

Ja, der Lothar hat noch viele Stückle gedreht. Bei einer Wette ging es um seine Behauptung, er könnte aus einem Karton heraus 50 Stück Mohrenköpfe essen. Bei der Durchführung wurde es zunehmend schwieriger für ihn und nach dem 45. musste er immer raus laufen. Die armen Tännle an der Treppe für die Hochzeit litten unter diesem Abgang.

Die Gemeinde hatte die Pfarrscheune gekauft und abgerissen. Auf dem Gelände baute sie dann ein Gefrierhaus mit Feuerwehrhaus sowie Parkplätze. In Hausen, direkt hinter der alten König-Stumpen-Fabrik, entstand ebenfalls ein neues Gefrierhaus.

Nach dem Karl Elsässer folgte Bruno Wocheler als Bürgermeister. Josef Schelling, Albert Gässler, Emil Roßhardt, Christian Lenz, Willy Speidel, Otto Schmutz sowie Andreas Roll wählte man in den Gemeinderat. Ein Fritz Zahn wurde Ratschreiber und Ferdinand Stadelmann Gemeinderechner. – Es wurde viel diskutiert und politisiert, vor allem direkt nach dem Krieg hörte man nichts anderes. Im Gespräch waren vor allem die Situation ohne Friedensvertrag und die Angst vor einem neuen Krieg, ganz besonders vor der sogenannten Gelben Gefahr als wichtige Themen.

Wegen einem Gelübde, das auf die Verschonung von der Maul- und Klauenseuche zurück zu führen ist, fand jeden Sonntag um 12 Uhr ein Rosenkranz-Gebet auf dem Bergle zum Hl. Antonius statt, im Oktober, dem Rosenkranz-Monat, sogar jeden Abend. Zu der Zeit hatte der Kunstmaler Kaufhold aus Freiburg die Fresken in der Antonius-Kapelle gemalt. Darüber gab es einige harte Diskussionen zu seiner Kunst.

Unsere Mutter nähte für uns neue Kleider und Westen aus einigen alten Sachen oder Resten. Die passenden Pullover und Westen strickte sie aus gesponnener Schafswolle. Inzwischen hatte Paula Honold dem Kindergarten gegenüber gebaut und mit einer neuen Schneiderei begonnen. Mein erstes Kleid zur Schulentlassung durfte ich daher bei Paula schneidern lassen.

Nach dem Abschied von der Schule wollten wir nun im

„Mond“ feiern, aber Hans Lais aus Pfohren kam herein und spielte am Klavier. Wie er das machte zog so viele Leute an, dass wir nachher keinen Platz mehr hatten. Hans Lais kam damals oft herein und spielte: „Bringen Sie dem Mann am Klavier noch ein Bier...“ Vater rief uns zu, dem Hans sofort ein Bier zu bringen. Das taten wir gerne.

Die Spätheimkehrer Johann Birk und Hartmann Elsässer sowie der Elektrokontrolleur Kretz und Fideli Eugen erzählten viel von ihrer Gefangenschaft und der harten Zeit in Russland. Der Johann Birk kaufte sich einen gebrauchten Lkw und fuhr bei der Kies- und Sandbaggerei von German Elsässer – an der Donau, hinter dem Haus Gebs gelegen – Material auf die Baustellen. Hartmann Elsässer arbeitete in der Maschinenfabrik Scheuch und fuhr mit seinem Dreirad zur Arbeit und zu seinem Wohnhausbau, hinter der Spedition Schmutz. Später gingen beide zur Firma Eigeldinger und arbeiteten bei der Bodensee-Wasserversorgung.

Der Sohn von Hienerwadels verbrühte sich beim Fässerreinigen. Joseph Bernauer betrieb eine Mosterei und Quido Elsässer arbeitete als Holzsäger. Die Erneuerung des Stromnetzes stand an und setzte eine heiße Diskussion in Gang, ob die Verlegung via Dachständer oder Erdkabel besser geeignet sei. Das Stromnetz lag ja im Besitz der Gemeinde. Der Gemeinderat entschied sich nach Beratungen für die Variante Dachständer und vergab den Auftrag an die Firma Elektro-Schwanz.

Das Stromnetz wurde nach 1972 an das Kraftwerk Laufenburg verkauft und damit die Festhalle finanziert. Das dürfte allerdings erst nach dem Jahr 1980 geschehen sein. Ebenso entstand ein neues Wasserversorgungsnetz, mit Bau eines Hochbehälters, auf dem Gauert an.

In 1953 brannte in Hausen die Gaststätte „Löwen" ab und in Kirchen das Anwesen Bernauer durch einen Blitzschlag. Bauunternehmer Anton Villringer baute mit seinem Sohn Lothar innerörtlich einige neue Wohnhäuser.

Steinhauermeister Emil Moosmann heiratete die Guste Wocheler und baute neben Hartmann und Schmutz sein Wohnhaus. Ein Steinmetzgeschäft betrieb er im Wochelers-Hof. 1955 wurde die Heergasse, bisher ein Fußweg, im Zusammenhang mit dem Bau einer Umgehung von Hausen, zur Straße ausgebaut und asphaltiert. Die Hauptstraße ging vormals über die heutige Weilerstraße durch Hausen bis Ortsende in Richtung Aulfingen. Die heutige Ringstraße hieß damals noch Herrenstraße.

1956 baute die Firma Deggler aus Rastatt die Straße zur Kaserne Immendingen. Mein Vater verpachtete da den Saal mit Stockbetten für die Arbeiter, die auch am Abend noch verköstigt werden mussten.

In 1955 bestand ich nach meinem Schulabschluss die Aufnahmeprüfung für die Höhere Handelsschule. Ein Zug fuhr früh morgens um 5:45 Uhr. In Hintschingen musste man umsteigen und dann um 7:15 Uhr ging es weiter nach Donaueschingen. Im Sommer fuhr ich mit dem Fahrrad nach Geisingen, oder ging im Winter gar zu Fuß, um nicht so lange warten zu müssen.

Schlimm war es nur, wenn französische Militärfahrzeuge kamen. Aus Angst legte ich mich oft in den Straßengraben, bis sie wieder vorbei waren, weil bei den Franzosen viele Marokkaner waren. Diese Angst rührte wahrscheinlich auch daher, weil ich einmal bei der Post mit dem Rad in einen französischen Lkw gefahren bin. Ich wachte erst auf einem Tisch im „Adler“ auf und hatte eine Gehirnerschütterung.

In 1956 bewarb ich mich auf ein Inserat der Südd. Basaltwerke in Immendingen. Das Unternehmen bot mir eine Ausbildung zur Industriekauffrau an, ich bekam die Stelle. Meine Schwester Ursula war ziemlich sauer, als sie davon erfuhr. Wir stritten uns und danach zog sie zu unserer Großmutter. Weil von uns aber niemand melken konnte, verkaufte der Vater unsere Kuh und wir gaben so die Landwirtschaft schließlich auf.

Die Süddeutschen Basaltwerke befanden sich in dem Privatbesitz von Karl Egon Fürstenberg in Weitra, das in Niederösterreich liegt. Und außerdem gehörten der Steinbruch Höwenegg, das Schotter- und Betonwerk Immendingen und der Steinbruch Zindelstein dazu. Ebenso der Steinbruch in Steinach und das stillgelegte Kristallanwerk im Ort Mühlhausen.

Margarete Jud, im Alter von 18 Jahren

Diese Betriebe wurden ja allesamt von Immendingen aus verwaltet Damals lag die Zahl der Mitarbeiter bei etwa 240 für eine Produktion von 80.000 Tonnen Basaltförderung in einem Jahr. Damit zählte das Unternehmen, neben der Maschinenfabrik, zu den größten Arbeitgebern in der Region.

Kirche St. Marien und Kapelle, Kirchen-Hausen

Die Bahnverbindungen waren damals für Arbeitnehmer sehr ungünstig. Außer dem Zug, der um 5:45 Uhr fuhr, startete erst um 8:45 Uhr wieder einer, bei einem Arbeitsbeginn ab 7:30 Uhr. Abends war es ebenso – für mich einfach schlecht.

In dieser Zeit haben deshalb viele Betriebe, so wie Kramer, Fischbach, Treinen, Egloff Kleinbusse und SABA sogar einen großen Bus zur Beförderung der Mitarbeiter angeschafft. Am Freitagabend kehrten oft viele Arbeiterbusle nach Feierabend im „Mond" ein. Nach Alkoholgenuss gab es häufig noch Streit.

1958 bauten Hedy Geisser mit Siegfried Schlenker ein Wohnhaus neben der Käfer-Mühle. Es lief da gerade das Richtfest, und im „Sternen" gab es am Kirbig-Suntig Tanz. Herbert Geisser wurde von jungen Damen im „Sternen" zu einer Spritztour mit seinem Porsche aufgefordert.

Es herrschte wohl ein dichter Nebel, und Herbert übersah ein entgegenkommendes Fahrzeug an der Donaubrücke in Geisingen. Rita Höfler und Herbert Geisser kamen ums Leben, Annemarie Schelling und die Lore Kammerer überlebten schwer verletzt.

Dadurch änderte es sich für die Familie Geisser insoweit, dass Siegfried und Hedy Schlenker das Autohaus Geisser übernahmen und gleichzeitig den Wohnhaus-Rohbau an die Familie Waschak, den Wirt der Bundeswehrkantine, verkauften.

Am Fastnacht-Montag 1959 kam ich um 14 Uhr mit dem Schienenbus von der Arbeit. Lothar Villringer und Siegbert Moritz fuhren gerade mit dem Umzugswagen durchs Dorf, vollbeladen mit Latschari und Hexen. Die Stimmung war super, und man winkte mich auf den Wagen hinauf. Die Fahrt ging durch das Dorf, und wir wollten noch nach Aulfingen.

Die zu rasante Fahrt ging vom „Sternen" durch die Ringstraße und rechts und links lagen hohe Schneewände. In der Kurve bei Quido unterrenkte der Traktor, der Umzugswagen kippte dadurch auf die Straße. So ein Pech. Ich verletzte mich am Knie, woran ich heute noch oftmals leide.

Im Mai konnte ich durch die BEK nach St. Peter-Ording zur Genesung und Reha. Als ich von dort zurück kam, war der Ort voll von Bauarbeitern, und die ersten stationierten Bundeswehrsoldaten gingen zum Feiern in den „Mond".

1959 wurde eine Umgehungsstraße sowie die Straße zum Hegaublick durch die Lahrer Firma Vogler und die Deutsche Asphalt-Mischanlage am Bahnhof gebaut. Das Autohaus Geisser und eine Tankstelle wurden an der neuen Umgehungsstraße gebaut. Die Spedition Schmutz errichtete ebenfalls eine Werkstatt mit Tankstelle. Der Betreiber war die Familie Wiessler.

Meine Schwester Ursula heiratete im Jahr 1958 den Karl Mang, und meine Schwester Gisela lernte in 1959 ihren späteren Mann, den Soldaten Siegfried Straub, kennen.

Im Oktober 1960 wechselte ich zur Kronenbrauerei in

Möhringen als Buchhalterin. Nachdem ich von allen Seiten zur späteren Übernahme des Gasthauses bedrängt wurde, habe ich zum 1.1.1963 ein Hotelpraktikum in Hinterzarten begonnen. Mein Vater war sauer auf mich, weil er meinen Lohn und meinen Haustrunk nun nicht mehr hatte und die Mithilfe im Gasthaus fehlte.

Gisela heiratete ganz überraschend am 10.4.63 in Esslingen. Mein Vater reiste im August nach Hinterzarten und bat mich nach Hause zu kommen, da er einen Pächter für den „Mond“ habe. Da ich im Oktober ohnehin nach Hause käme, nahm ich dies nicht ernst. Als ich im Oktober kam, fand ich die Näherei im „Mond“ vor. Ich schämte mich, wie er im damaligen Laden mit primitiven Mitteln noch Gäste bewirtete. Im März 1964 renovierte ich den Raum, aber ich fand die vielen Mitarbeiterinnen der Näherei im „Mond“ befremdend und heiratete dann 1966 nach Hintschingen.

Die Vorfahren meines Mannes, Artur Jud, stammen aus Frankreich. Einen Anton Jud erwähnte man schon 1752 als Feldhüter und Zollwart über die Donau. Der Vater meines Mannes, Ernst Jud, wurde bei Odessa 1943 als vermisst gemeldet.

Im 3. Reich hatte man Ernst ja für den Fall des Namenswechsels ein Gut in Ostpreußen angeboten, was er aber ablehnte. Arturs Schwester ist unter dem Euthanasiegesetz verstorben. So hat der Krieg zu der Zeit nicht nur den Juden, sondern allen Menschen sehr viel Leid gebracht.

Der Versuch meines Vaters, noch bei der StOV oder der DB eine Anstellung zu bekommen, blieb leider ohne Erfolg.

Inzwischen hatte der Autobahnbau begonnen. Mittags fuhr ich mit einem Arbeitskollegen zur Mithilfe in den „Mond“ und spät abends fuhr ich oft noch nach Kirchen, um nach meinen Eltern zu sehen. Ich hatte damals bislang kein eigenes Fahrzeug. Nach der Heirat arbeitete ich wieder für zehn Jahre als Buchhalterin bei den Südd. Basaltwerken in Immendingen.

Erst durch die Erkrankung meines Vaters in 1973 kümmerte ich mich um die „Mond“-Angelegenheit, da mein Vater alles verkaufen und ins Altersheim ziehen wollte. Meine Eltern besaßen keine Altersversorgung. Da seine Diagnose Krebs war, musste ich dringend eine Lösung suchen. Zum Glück kam 1973 die Rentenreform.

Alle Bemühungen, den „Mond“ zu verpachten, schlugen leider fehl. Zur Erhaltung der Konzession vergab ich die Verpachtung an meinen Ehemann und wurde von ihm als Geschäftsführerin angestellt. Ich befand mich gerade mitten in der Ausbildung zur Steuerbevollmächtigten. Aus der vorübergehenden Lösung wurden ganze 35 Jahre. Doch heute stehe ich vor den gleichen Problemen wie damals meine Eltern.

Nun bin ich selber alt geworden. Wenn ich zurück schaue, ähnelt die Situation wie dem sprichwörtlichen Hamsterrad. Ich frage mich heute, wie ich das alles hinbekommen habe. Nicht eine meiner Schwestern hat mir da geholfen.

Den ganzen landwirtschaftlichen Betrieb steckte ich in den „Mond“ und kämpfte immer mit Schulden, um den vie-

FAHR

Bildmitte: Schwiegervater Ernst Jud

„Gasthaus zum Mond“, heute

len Auflagen gerecht zu werden. Auch wollte ich nie vor denselben Problemen im Alter stehen wie meine Eltern. Als Angestellte zahlte ich stets weiter in die Rente ein, was mir nicht immer leicht fiel. Deshalb habe ich mich in der Politik für das „Schweizer Modell“ stark eingebracht, wo alle, auch Beamte und Millionäre ohne Beitragsbemessungsgrenze in die AHV einzahlen, mit einer Mindest- und Höchstrente, aber alles erfolglos. Die Probleme in der Altersversorgung sind immer noch die alten geblieben.

Trotz aller unserer Mühen und der Leiden unserer Vorfahren können wir jetzt stolz darauf sein, was aus Baden-Württemberg nach dem 2. Weltkrieg geworden ist. Nicht zuletzt unter der Mithilfe von Gastarbeitern, Flüchtlingen und vielleicht nicht wenig seitens der Alliierten, im Bemühen um das Ziel, ein vereintes Europa zu schaffen.

Jede Zuwanderung bringt und weckte Misstrauen in der einheimischen Bevölkerung. So war es zum Beispiel eine sehr große Zumutung, die evangelischen Flüchtlinge in katholische badische Gebiete und katholische Flüchtlinge in evangelische schwäbische Gebiete zu integrieren, um endlich die Feindseligkeiten abzubauen.

Inzwischen sind noch viel weitere Zuzüge aus allen Nationalitäten zu bewältigen. Uns bleibt nur zu hoffen, dass es unseren Nachkommen für die Zukunft gelingt, die Voraussetzungen für ein friedliches Zusammenleben in einem geeinten Europa zu schaffen.

Wer Vergangenheit nicht kennt,
kann Gegenwart nicht begreifen
und Zukunft nicht gestalten.

Die Jahre zwischen 1933 und 1945

Wie es dazu kam und kommen konnte. Die belogene und betrogene Generation unserer Eltern.

Keine Zeit ist mit einer anderen Epoche wirklich vergleichbar noch messbar. In den Zeiten der tiefsten Corona-Krise hatten zwar die wenigstens etwas Gutes, doch gab es vermehrt die Zeit zum Lesen, zur Besinnung und Überlegen zu kommen und Hintergründe besser zu verstehen.

Politische Fehler und Krisen können immer eine große Gefahr bedeuten. Wir hoffen zwar, dass sich unser Kontinent weitgehend friedlich entwickelt, die Angst aber bleibt. Hat die ältere Generation noch die Zeiten des entsetzlichen 2. Weltkrieges miterlebt und/oder die Nachwirkungen deutlich verspürt, fragt sie sich im Rückblick, wie denn das alles überhaupt möglich war. Wie konnte es dazu kommen?

Die damit zusammenhängenden Fragen versuchten schon so manche Historiker und Schriftsteller zu beantworten. Der Schweizer Politiker, Soziologe, Sachbuch-Autor Jean Ziegler verweist in seinen Büchern, wie „Schande Europa", „Imperium der Schande", oder „Die Schweiz, das Gold und die Toten", darauf, dass seiner Meinung nach ganz Europa, ja die ganze Welt an diesem Krieg und den begangenen Verbrechen eine Mitschuld trägt.

Es gibt so viel Elend und Ungerechtigkeit auf der Welt, vor den Toren Europas. Droht damit wieder ein Holocaust, Not, Elend, Krieg? Und jetzt auch noch der Horror in der Ukraine. Die Angst vor solchen Entwicklungen hat mich bewogen, die Ursachen zu beleuchten, zu untersuchen und diese Zeilen zu schreiben.

Auch unsere Väter glaubten und hofften stark auf ein friedliches Europa, hatten Angst vor dem Bolschewismus. In einer Monarchie erzogen, mit der Leitlinie „Freiheit und Liebe zum Vaterland" und später in der Hoffnung auf „Einigkeit, Recht und Freiheit" auf einem friedvollen Kontinent, wuchs da eine Generation heran, die der Erziehung der damaligen Zeit folgend, getäuscht, belogen und betrogen wurde.

Nach der Inflation ging es langsam mit der Reichsmark aufwärts. Es war das Zeitalter der Elektrifizierung, Motorisierung. Die Anfänge des Rundfunks begannen, eine Filmindustrie startete, samt den notwendigen Lichtspieltheatern. Kurzum, es gab eine Menge Innovationen in dem Bereich Information und der Werbung.

Im Jahr 1925 starb Reichspräsident Ebert. In Russland kam Stalin an die Macht. Der bereits fast 80-jährige Reichspräsident von Hindenburg hatte die Weimarer Republik mit den Parteienstreitigkeiten und der leidigen häufigen

Uneinigkeit nicht im Griff. Die Länderräte blockierten ihrerseits die Regierungsbeschlüsse. Alles Misslingen schob man gerne dem Versailler-Vertrag zu.

In 1925 wurden die Locarno-Verträge geschlossen. Im selben Jahr gründete die NS Hitler-Jugend die Jugendherbergen in ganz Europa für Freizeit und Kameradschaft – ohne Alkohol. Denen schlossen sich die katholischen und protestantischen Jugendorganisationen an. Es wurde eine Generation zu Werten wie Anstand, Disziplin, Gehorsam erzogen und in der Hoffnung auf ein Europa, in dem die Völker gemeinsam ohne weitere Kriege leben könnten.

Zum Verhältnis zur jüdischen Bevölkerung wäre einiges zu erläutern. Vor und nach dem 1. Weltkrieg gab es nur 5 %

Jean Ziegler, Soziologieprofessor u. Autor (1991)

Reichspräsident Friedrich Ebert

Menschen mit jüdischer Religion in Deutschland. Sie waren sehr gut integriert und verstanden sich auch als Deutsche. Das bestätigt das Buch „Der Holocaust“. Dies hatte ich in 1987 von Yad Vashem, wie auch jenes, mit dem Titel „Das ist Israel“, mitgenommen und erst jetzt gelesen.

Durch die russische Revolution ergab sich eine Zuwanderung aus Polen und Russland, deren Bevölkerung etwa 45-50 % jüdischen Glaubens war. Der Eindruck einer Überfremdung scheint plausibel zu sein.

Meine Einschätzung dazu ist, die deutschen Juden wollten sich von den Neuankömmlingen abgrenzen, sich distanzieren. Dies wurde ihnen aber beim Weltkongress der Juden in 1928 untersagt. Das führte u.a. mit zu einer Kapitalabwanderung inmitten der Weltwirtschaftskrise, in der rund 7 Millionen Menschen in Deutschland arbeitslos waren. In der Hoffnung auf Arbeit und Brot und dem Druck des jahrelangen Elends der Bevölkerung, führte dies zu einem Wahlergebnis von 39 Prozent der Wähler im Januar 1933 für Hitlers NSDAP. In der Demokratie ist es auch heute noch so, dass der Wahlsieger den Kanzler und dieser eine Regierung mit seinen Ministern stellt.

Man kann also daher von Hindenburg nicht die Alleinschuld geben, zumal er kränklich und im Frühjahr 1934 nicht mehr handlungsfähig war. Dies führte erst dazu, dass Hitler das Amt des Reichspräsidenten übernahm und eine Diktatur bildete.

Der Betrug geschah langsam und unbemerkt. Alle schienen froh und dankbar, denn es gab wieder Arbeit und Brot. Wie kam es dazu? Hitler verbot als erstes die Kapitalflucht, sorgte für Arbeitspflicht und schloss einen Deal mit der Schweiz, die ja formal neutral war.

Die CH-Geldwäscher Hiro, Rossy und Weber hielten Hitler für das kleinere Übel. Das Reichsbankgold wurde waggonweise in die Schweiz transportiert, und er erhielt den Wert in Schweizer Franken, um am Weltmarkt einzukaufen. Die Betriebe an der Schweizer Grenze, wie Alu, Maggi, GF in Singen, die Lonza, Ciba-Geigy und viele andere entstanden oder wurden ausgebaut. Es gab ja wieder Lohn und Brot – die Hintergründe, Zusammenhänge sah das Volk nicht. Man sah nur, dass es finanziell wieder aufwärts ging.

Nachdem kein Reichsbankgold mehr da war, wurde Holland annektiert. Belgien wollte daher seine Hälfte an Goldreserven retten und transportierte sie so nach Südfrankreich und später nach Afrika. Mich hat immer verwundert, weshalb Rommel im Krieg in Afrika war. Die Geld- oder Goldwäscher der Schweiz lieferten sogar die Waffen, Technik und KZ aus dem Aostatal. Die Wirtschaft florierte.

Frankreich hatte anfangs der 30er Jahre mit dem Konkurs durch den Bau des Panamakanals zu kämpfen. Es hatte in 1933 die Saarbergwerke an Hitler verkauft. Und im Jahr 1935 wurde der Locarno-Vertrag mit der Einführung der Wehrpflicht gebrochen. Begründet wurde dies mit der Absicht, nur eine Verteidigungs- und keine Angriffsmacht aufbauen zu wollen. In Folge entstand ein Militärpakt zwischen Frankreich und Russland, was zur weiteren Aufrüstung zwang. Der Hauptlieferant technischer Vorrichtungen war die Schweiz. Weitere Länder, wie Österreich, aber auch Tschechien usw., wurden annektiert, das Gold floss immer in das Alpenland.

1938 wollten ca. 700.000 Juden auswandern, aber kein Land der Welt, nicht einmal die USA, nahm – siehe Buch „Holocaust“ – diese Menschen auf. Die Schweiz verlangte das Judenzeichen im Pass, so dass diese Menschen nicht mehr an ihr Geld in der Schweiz kamen und der SS an der Grenze ausgeliefert wurden. Im Jahr 1941 war das verfügbare Gold schließlich aufgebraucht, der Krieg wäre damit zu Ende gewesen.

Doch wurde eine Reichsvermögensverwaltung eingeführt, um an weitere Goldvorräte durch Einschmelzung zu kommen, was allerdings zur Korruption führte. Der Egoismus zur Selbstbereicherung schien grenzenlos.

Unter dieser NS-Diktatur hatten nicht nur die Juden gelitten, was ich persönlich sehr bedauere, sondern alle Alten, Kranken und Behinderten fielen dem Euthanasie-Gesetz anheim. Wer gegen das Regime war, wanderte genauso ins KZ, wie die Verbrecher und Regime-Kritiker. Es ist furchtbar und bedauerlich, was durch den Holocaust geschehen ist, aber es waren sechs Millionen und der Krieg kostete sechzig Millionen Menschenleben.

Es herrschte eine Diktatur und es gab Krieg. Die belogenen Väter und Großväter konnten dies nie erahnen. Sogar eine Ehe zwischen Katholiken und Protestanten war damals genauso schlimm wie eine mit Juden oder Andersgläubigen und sorgte für Ausgrenzung.

Die im Krieg oder in der Nachkriegszeit Geborenen stellten sich oft die Frage, wie es dazu kommen konnte. Weder in der Schule noch sonst wurde aufgeklärt. Nur mit der Angst vor einem neuen Krieg, so wuchsen wir auf. Deutschland lag zerstört am Boden, die Depressionen der Überlebenden wurden oft in Alkohol ertränkt. Die Schande und der Ehrverlust belastete die Menschen. In allen Familien herrschte große Not. Die Unterbringung von Flüchtlingen wurde angeordnet, und mit dem Lastenausgleich bis 1969 von den Grundbesitzern wurde allen geholfen und alle integriert.

Auffallend ist, dass katholische Flüchtlinge in die evangelischen Gebiete und die evangelischen in die katholischen Regionen kamen. Die Not war nicht klein, der Aufbau wäre ohne die Flüchtlinge sowie die später hinzu kommenden Gastarbeiter gar nicht möglich gewesen. Eine Italienerin, die 1958 nach Deutschland kam, sagte einmal: „Wir konnten kein Deutsch, wir haben nur gearbeitet." So etwa, wie wir alle sehr viel arbeiten mussten, ohne große Urlaubsreisen. Die gab es erst später.

All diesen Menschen gehört unser Dank. Lasst uns auch nie vergessen, wie wir damals nur für ein Pfund Butter 6,60 DM und bloße 250 Gramm Kaffee noch 10 DM zahlten – die Liste ließe sich ausweiten – und das bei einem Stundenlohn von 0,30 bis max. 1,00 DM. In den ersten Anfängen des Wirtschaftskreislaufs nach dem Krieg konnte man kein Mehl oder Zucker erhalten, ohne eine Tüte mitzubringen. Ebenso war es nicht möglich, Essig bzw. Öl zu kaufen, ohne eine passende Flasche dabei zu haben. Im Gegensatz zum heutigen Überfluss im Supermarkt sah das damals in einem kleinen Tante Emma Laden völlig anders aus.

Omas saßen mit Strickzeug oder Bibel am Fenster, oder auf dem Bänkle nach der Arbeit. Es gab ja noch keinen Fernseher, keinen Kühlschrank und keine Waschmaschine. Kinder sammelten Ähren, Kartoffeln und Holz usw. nach der Schule. Der Vater erhielt als Schwerstarbeiter ab und zu etwas Fleisch oder ein Ei.

In einem Dorf gab es früher etwa drei Autos und drei Telefonanschlüsse. Heute besitzt durchweg jeder Haushalt diesen Komfort. Jetzt reist man zwar in die ganze Welt, vergisst aber den Zusammenhalt, die Familie. Man jammert auf hohem Niveau und ruft immer nach dem Staat. Der Staat sind wir doch alle. Nur gemeinsam können wir ein lebenswertes Miteinander hinbekommen. Die Spenden für für Bedürftige betreffend, stimmt etwas nicht, wenn von der aufgebrachten Summe schließlich lediglich ca. 16 % bei den Betroffenen ankommt und der Hauptteil für Werbungs- und Verwaltungskosten anfällt.

Wir müssen uns ganz dringend für Frieden, Ausgleich und Versöhnung einsetzen. Gott gebe allen Verantwortlichen die Kraft für ein geeintes Europa.

Margarete Jud

De Gaulle und Adenauer in 1963. Sie legten den Grundstein für die spätere Europäische Union.

Nachdenkliches / Zitat des „Nellenburger Bote", 1870

(Unter Habsburger Verwaltung)

Auszug:

„Die Statistik wird zu einer fürchterlichen Wissenschaft! Ein Volk nur geachtet werde, wenn es gefürchtet wird! Preise und Verbrauchsmittel – Lehrer und Ausbildungsmangel. Riesige Geld- und Steuerverschwendungen, z.B. bei Post und Bahn, mit großer Verschuldung des Staates.

Die Sehnsucht nach mehr Volksnähe war damals wie heute, wie aus einem Vorschlag für einen Gemeinde-Ausschuß hervorgeht:

1. *Krämer, weil er alles abwiegt.*
2. *Geigenmacher, weil er andere Seiten aufziehen kann.*
3. *Schumacher, weil er weiß, wo der Schuh drückt.*
4. *Schlosser, weil er über jeden Punkt Aufschluss geben kann.*
5. *Küfer, weil er alles reichlich überlegt.*
6. *Kapellmeister, weil er den richtigen Takt geben weiß.*

7. *Nagelschmied, weil er den Nagel auf den Kopf trifft.*
8. *Wirt, weil er reinen Wein einschenken kann, wenn er will.*

Aufstand 1848 nach der Wahl im Römer in Frankfurt war gegen das 3-Klassen-Wahlrecht. Von 530 Abgeordneten nur ein Bauer und nur ein Arbeitnehmervertreter gewählt!"

Hoffnung auf Bismarck als Hersteller der Ziele: Vereinheitlichung von Verkehr und Wirtschaft als Voraussetzung politischer Einigung, unablässige Abrüstung der EU-Staaten Frankreich, Preußen und Österreich. Der Deutsche Bund mit Elsaß-Lothringen = 40 Mio. Einwohner.

Was hat sich nun bis heute nach rund 150 Jahren geändert? In 1951 hatten wir 3.000 Professoren und heute über 36.000? Im Sinne eines geeinten Europa, seit den Römern, Karls des Großen u.a. wurde viel versucht, vieles ist aber wieder gescheitert. – Wohin geht der Weg für ein friedliches Europa?

Über die Autorin

Die Autorin Margarete Jud lebt in Baden-Württemberg, genauer gesagt im Ortsteil Kirchen-Hausen der Stadt Geisingen, Landkreis Tuttlingen. Diese Region und deren geschichtliche Vergangenheit und Entwicklung liegt ihr am Herzen. Als eine in den Tagen des 2. Weltkriegs Geborene erlebte sie die Eindrücke dieser Nachkriegsjahre natürlich intensiv und hautnah. Sie sah die Veränderungen von klein auf, als Schulmädchen und spätere junge Frau. Sie schildert diese in ihren Erinnerungen aus ganz persönlichem Blickwinkel.

Frau Jud, mittlerweile im fortgeschrittenen Alter, skizziert ebenso ein Stück Familiengeschichte sowie das soziale Miteinander in ihrer Heimatregion. Auch geht sie auf die damals stattfindenden Entwicklungen und Veränderungen in der Dorfbevölkerung, der Arbeitswelt, des produzierenden Gewerbes sowie der Landwirtschaft und Gastronomie auf dem Lande ein.

Als Historikerin aus Passion benennt sie wesentliche geschichtliche Entwicklungen aus dem frühen Mittelalter bis heute. Sie spielten bei dem Zustandekommen des heutigen Bundeslandes Baden-Württemberg eine wichtige Rolle.

Ihre berufliche Laufbahn: Sie absolvierte eine kaufmännische Lehre in einem größeren Industrie-Unternehmen.

Hinzu kommt eine Ausbildung und Tätigkeit in der Gastronomie. Diese ist ihr seit jungen Jahren bestens bekannt, schließlich führten ihre Eltern eine traditionelle Gastwirtschaft in Kirchen-Hausen.

Die Autorin gilt als sehr heimatverbunden und engagierte sich jahrelang in der Politik. Mit dem Blick für das große Ganze zieht die Chronistin Parallelen von Problemen und Konflikten in früheren Jahrhunderten zur heutigen Zeit. Die ist gerade geprägt von dem dramatischen Krieg in der Ukraine. Ein Beispiel, dass es lohnt oder ratsam ist, sich mit dem Thema Geschichte und Politik – im Kleinen wie im Großen – zu befassen und aus dem Vergangenen Lehren für die Zukunft zu ziehen. Ihrer Ansicht nach wird es ein einiges friedliches Europa der Zukunft ohne England und Russland nicht geben.

Dieter Kindel

Bildmaterial

Hinweis zum Bildmaterial: Es wurden sowohl private Fotos als auch öffentliches und frei verwendbares Bildmaterial verwendet. Das Motiv von Adenauer mit De Gaulle ist aus dem Bundesarchiv der Bundesregierung entlehnt. Einiges entstammt aus Wikimedia (Common Rights).

Das Bildmotiv für den Umschlag wurde freundlicherweise von der Verwaltung der Staatlichen Schlössern und Gärten Baden Württemberg zur Verfügung gestellt – Fotograf: Achim Mende.